程俊杰 徐丽秀 ◎ 著

让世界听你说

煤炭工业出版社
·北 京·

图书在版编目（CIP）数据

让世界听你说 / 程俊杰，徐丽秀著. --北京：煤炭工业出版社，2018（2023.10 重印）

ISBN 978-7-5020-5506-6

Ⅰ.①让… Ⅱ.①程… ②徐… Ⅲ.①演讲—语言艺术 Ⅳ.①H019

中国版本图书馆 CIP 数据核字(2017)第 315702 号

让世界听你说

著　　者　程俊杰　徐丽秀
责任编辑　刘少辉
封面设计　韩庆熙

出版发行　煤炭工业出版社（北京市朝阳区芍药居 35 号　100029）
电　　话　010-84657898（总编室）
010-64018321（发行部）　010-84657880（读者服务部）
电子信箱　cciph612@126.com
网　　址　www.cciph.com.cn
印　　刷　凯德印刷（天津）有限公司
经　　销　全国新华书店

开　　本　710mm×1000mm $^{1}/_{16}$　**印张**　$14^{1}/_{2}$　**字数**　240 千字
版　　次　2018 年 3 月第 1 版　2023 年 10 月第 2 次印刷
社内编号　8369　**定价**　42.00 元

目　录

Chapter1　第一印象，让世界认识你

Chapter2　开场 30 秒，直截了当说重点

Chapter3 切中要害，立刻打动他

Chapter4　破冰利器，用热情让他“侧耳”

Chapter5　有来有往，互动是最好的沟通

Chapter6 无法说服他？这几招就够了！

Chapter7　胆大心细，真话也好听

Chapter8　开发自己，有魅力才有吸引力

第一印象，让世界认识你

法则 1：亮出你自己，让所有人都安静地听你说

这个世界上，有廉价但能快速获得他人好感的东西吗？有，那便是好的口才！有人说，好的口才是一把通往成功之门的钥匙；也有人说，好口才是路灯，能指引你到达光明；还有人说，会说话的人是魔术师，能变幻出幸福和快乐……

由此可见，会说话对一个人来说何其重要。特别是第一次介绍自己的时候，好的开场白会让人印象深刻。

一次，某市举办了一场由几位知名企业家做演讲嘉宾的高峰论坛。

其中，一位企业家是这样介绍自己的：

我来自广东的恩平市，可能您没有去过，一个很小的县级市，这几年刚刚开发了温泉业，我想将来会有更多的人了解这个小城市。高考时，我以恩平市全市第一名的成绩考上了中山大学，学的是计算机科学专业。大学毕业后，我顺利考上中国社会科学院，并获得硕士学位。我曾经做过大学老师，后来辞职下海。如今，创办公司已经有10个年头了。今天，很高兴在这里把自己的创业经验和大家分享……

相信大家都听过这样或者类似这样的一板一眼的开场白。

可是，其中另外一位企业家的演讲，却让在座的听众记忆犹新。

那位企业家是这样说的：

大家好！我想讲一个故事，作为今天讲话的开端。

15年前，一个瘦弱的年轻人和他的父亲走在崎岖的山路上。到了路口，两鬓斑白的父亲把行李交到儿子手里，又从口袋里掏出一沓皱巴巴的钞票来。年轻人一把按住父亲的手，说："爸，我能想到办法赚钱，您还要照顾娘呢。您回去吧，后面的路我自己会走。"

他头也不回地走了。他是村里的第一个大学生，也是第一个走出大山的人。他把学费交了，手里的钱已经不多了。一天，外面下起了倾盆大雨，寝室里的同学不想出去，让他帮他去打饭。次数多了，同学们知道他家庭条件不好，便想拿出一些钱来酬谢他，被他谢绝了。他只提出一个条件："我没有钱买手机，但我想做点小生意，我留的是宿舍的座机电话，如果以后找我的电话多了，你们不嫌烦就行。"

第二天，他在学校贴了一则广告，以后有同学需要跑腿的事情，比如帮人打饭、买东西之类，他都可以代劳。

第一笔业务是帮一位男生买图书资料。那个男生要考研，不想耽误时间。他很快就把资料买到了，也拿到了第一笔报酬。

慢慢地，找他的人越来越多，他的诚信和快捷的服务赢得了越来越多的"客户"。一个月下来，他不再为后面的生活费发愁了。

就这样，他一边努力学习，一边做着自己的业务，还能不时地给家里寄些钱。

毕业的时候，他考虑扩大自己的业务，便找来几个同样来自农村的同学，大家商量着成立一个快捷服务部，为别的同学跑腿送信件，或者是代买资料。

再后来，他创立了一家快递公司。现在，他公司的速递服务网络已经覆盖了全国二十多个省市，服务质量稳定，安全性能高。

这个故事里的穷小子，就是我。

我是大山里长大的孩子，虽然小时候条件很艰苦，但走惯了山路，我也练就了一双“飞毛腿”。我们家乡有句老话：“没有伞的孩子要跑得快些。”

……

这个企业家在演讲的时候，下面的听众鸦雀无声，大家都被这个故事深深吸引了。

由此可见，当第一次和陌生人讲话的时候，一定要亮出自己，让别人安静地听你说。

反之，如果像第一位企业家那样的说辞，就显得敷衍而客套，只会让听众觉得枯燥无味。这样的开场白太常见了，很多听众不会老老实实地听，只会心不在焉，因为这样的自我介绍没有任何可以汲取的有意义的信息。

除了用真情打动人，还可以说些夸张的话来“一鸣惊人”。

“珍爱乐队”在2011年世界巡演的北京启动发布会上，乐队成员黄小琥就“语出惊人”，赢得了歌迷的一片称赞。当时有歌迷问到演唱会的票房问题。黄小琥脱口便说：

“我们的演唱会起码两个亿！”

此时全场都震惊了，歌迷们都等着黄小琥接下来会说什么。谁知黄小琥灵机一动，幽默地解释道：

“我说的两个亿，一个是‘记忆’，一个是‘回忆’，让我们的歌迷都能在记忆里体悟美丽，在回忆里沉淀往昔。”

这么煽情的话经由自己的偶像说出来，全场的歌迷爆发出尖叫声，如雷般的掌声经久不绝。“珍爱乐队”在2011年进行世界巡演的北京启动发布会上，乐队成员就是利用了“亿”与“忆”同音的关系，不仅巧妙地回答了问题，而且赢得了歌迷朋友的支持。

由此可见，要想让别人记住你，首先就是要自信地亮出你自己。平淡无奇的表述只会让人索然无味，而感人的故事、夸张而富有新意的语言、幽默风趣的谈吐，或者设置悬念的问话，则能瞬间吸引别人。所以说，有了好的开头，你便能让大家都成为你忠诚的听众。

可以说，能说会道的嘴巴是你的剑，当你亮剑的时候，整个世界都会变得安静下来。

法则2：照方抓药，给对方一个非听不可的理由

人们常说“照方抓药，药到病除”，这是身体健康出现状况时我们普遍采用的解决办法。而在与人们交谈的时候，同样需要“照方抓药”。话

说到点子上，才能完美地解决很多现实中的“毛病”。然而生活中多的是说话没有重点的人，说了一大堆无关痛痒的话，却没有一句话是有实质性作用的。当你口干舌燥地讲了一大堆，而对方却无动于衷，这只能说明你的话没有说到重点，不能引起对方的兴趣，不能解决问题。因此，说话时“对症下药”特别重要。

推销员兰多夫最近心情十分糟糕，因为他已经连续三个月没有推销出去产品了。如果这个月再推销不出去一件产品，他很快就会被“炒鱿鱼”了。他向同事迈克诉说了自己的烦恼。迈克先对他表示同情，但也觉得纳闷，从来就没见过这么糟糕的推销员。于是，迈克说道：

“你现在把我当成客户，我听一下你是怎么推销的。”

“先生，您好，我是××公司的推销员，这是一款非常实用的产品……”兰多夫开始介绍产品的性能和价钱、性价比、同类产品的比较等，语速非常快。但是还没说完，迈克就打断了他：

“你平时就是这么推销的吗？”

“对啊。”兰多夫无奈地说。

“你这样的推销方式早就不行了，如果我是客户，都会厌烦。”迈克好心地提醒他。

“那应该怎么推销？”兰多夫不解地问道。

“你应该先判断客户是否需要我们的产品，然后再推销产品。只要客户有需要，那么就对症下药，给对方一个非听不可的理由，这样客户就会听你说了。”迈克说道。

兰多夫虚心接受了迈克的建议。第二天，当他来到一片住宅进行推销的时候，他打算试一试迈克的建议。兰多夫敲开客户的房门的时候，开门的是一个男人，满脸胡茬，看起来很随意。而且客厅的毯子依稀能看见灰尘还有食物的小碎渣。兰多夫忽然就想到该怎么开口了。

“你好，请问有什么事吗？”主人问。

“先生，您看起来不是个会打扫卫生的人。”兰多夫鼓起勇气说。

“哦，何以见得？”主人似乎有一些兴趣。

“您家的地毯很脏，客厅也比较乱。”兰多夫略带歉意地笑了笑。

“的确是不太干净。”主人尴尬地笑了笑。

“我们这款产品能帮助您把地毯清理得非常干净。”兰多夫切入了主题。

“是吗？”主人有些狐疑地看着兰多夫手中的吸尘器。

“您现在可以试试，这款产品非常便捷实用。如果您不满意的话，就当我免费为您清洁地毯了。”兰多夫说得十分诚恳。主人十分爽快地就同意了，于是吸尘器开始工作了。很快，毯子就被清理得干干净净，主人也十分满意，简单询问过价格之后，十分爽快地就买下了。兰多夫摸索出了经验，没过多久，销售业绩就提上来了。

由此可见，一个优秀的销售人员总是会在推销产品之前多去了解自己的客户，当有足够的自信做到和客户侃侃而谈的时候，也就多了几分把产品推销出去的可能。

很多时候，说话需要“对症下药”。了解对方的需求，这样就有了让对方非听不可的理由，也就能达到事半功倍的效果。比如，跟家长们就应该聊培养子女，面对病患就应该聊怎么强身健体，跟青年人聊未来的发展，跟家庭主妇聊生活中的琐事，跟学生聊怎么提高学习效率……这些话题无一例外都是对方感兴趣且乐意接受的。只有说话“照方抓药”，才能达到“有的放矢”的效果。说出的话要涉及对方的切身利益，或者是对方可能感兴趣的话题，这样就给了对方一个非听不可的理由。

法则 3：真诚微笑，进入对方内心的通行证

沙威旅馆的总经理卡洛是个和善而忙碌的人，每天他都把事情处理得井井有条。一次，《时代》记者采访他，问道：“请问，你觉得你成功的原因是什么？”卡洛答道：“我觉得，是微笑起了很大的作用。大多数时候，我都保持微笑，因为我觉得微笑能避免很多问题。”

世界名模辛迪·克劳馥曾经说过这样一句话：“女人出门的时候，如果忘记了化妆，最好的补救方法便是亮出你的微笑。”

微笑是盛开在人们脸上娇妍的花朵，让你时时刻刻都散发着迷人的芬芳，所以人们愿意亲近你；微笑是一曲优雅的钢琴曲，每一个音符都传递着真诚与温暖，所以人们愿意倾听你；微笑是炎炎夏季里的一缕清风，每一次出现都带给人们清凉和镇静，所以人们愿意接纳你。

微笑看似只是微微抿嘴、嘴角上扬这样一个简单的表情，但是传递给他人的却不只是一个表情这么简单。其实，说话的时候带着微笑，是搭建良好人际关系的桥梁，因为它代表的是关怀、真诚、温暖、理解……换言之，微笑是美的化身，是进入对方内心的通行证。

在与人交流的时候，真诚的微笑其实能够释放巨大的能量，甚至能够

拯救一个人的性命。

1930年，犹太人西蒙·史佩拉传教士每天都会在田野里漫步，他会跟碰到的每一个人热情地打招呼："嗨！你好吗！我是西蒙！祝你今天有个好心情。"有部分人会回应他，也有些人会莫名其妙地快步离开。其中，有一个叫米勒的农夫是西蒙每天都会打招呼的对象。当时，那里的居民和犹太人关系处得不是很好，所以米勒每次看到西蒙跟他打招呼时都会背过身去，丝毫没有搭理他的意思。但是西蒙并不介意，每天路过米勒的农场时还是会面带微笑地跟米勒打招呼。直到有一天，米勒摘下头上的帽子向西蒙挥了挥，脸上也露出了一丝笑容。两人这样不近不远的关系维系了好多年，直到纳粹党上台。

西蒙全家和村子里所有犹太人都被抓了起来，他们全部被送往集中营等待发落。在行列的尾端，西蒙远远地就看到一个指挥官在示意人们向左向右。观察了一会儿后，西蒙知道，那些被发配到左边的人都会被处死，而被发配右边的人尚有一线生机。西蒙离那个指挥官越来越近，心脏也跳动得越来越快。轮到西蒙时，那个指挥官缓缓转过身来，传教士西蒙静静地看着指挥官的目光，微笑着说道："早上好，米勒先生。"米勒的眼神依然冷酷，但他听到西蒙的招呼声时神色似乎有些动容，随即说道："早上好，西蒙先生。"接着，他挥了挥手指向了右边。

西蒙做梦也没想到，由于保持微笑的习惯，他竟然因此得以活命。

由此可见，如果你天天坚持不懈地微笑着跟别人打招呼，即便是铁石心肠的人，也会为你化作绕指柔情。微笑的力量便在于此。发自内心的微笑，是在向他人传递你的柔情。

还有这样一个例子。

小宁成功应聘到一家公司做前台，第一天上班的时候，她在电梯过道碰到财务张姐，那个时候小宁并不认识张姐，也不知道这个从公司走出来的人是不是公司的职员，不过她还是习惯性地朝着张姐微笑着说："早！"可让小宁郁闷的是，张姐面无表情地径自走开了。

刚到公司那几天，小宁觉得公司里的气氛十分压抑，大家每天都是踩点进办公室坐进自己的格子间开始工作，到点了就下班。可是，她每天都保持着以前的习惯，碰到人就主动微笑着打招呼。渐渐地，公司里的气氛变得融洽起来。大家也不会掐着点来到公司，上班前的15分钟，公司门口就会交替地响起"早啊""早上好"这类问候语。工作的时候，办公室里也会响起阵阵笑声，而不是像以前那样大家只会自顾自地做事情。

后来公司进行扩招，除了原本的招聘专员外，小宁也被安排了一些招聘的工作。一段时间下来，人事部的吴经理发现原本的招聘专员的招聘率竟然比小宁低很多，这让他大跌眼镜，心想：一个专员竟抵不过一个前台？于是，吴经理暗中观察了一下。他发现小宁打电话时，总是微笑着、不疾不徐地把职位情况告诉候选人，但是常年从事招聘的那个专员则是按部就班、快速地把重点信息传递给候选人，虽然语气声调也是动听的，但相比小宁总感觉缺了些什么。另外，接待到访面试的候选人时，小宁几乎是全程微笑沟通，但是那个招聘专员除了初见面时会职业性地露出微笑外，整个面试过程中给人的感觉非常严肃。

还有这样一个故事：

鲍勃有一个美满的家庭，可他总是一副闷闷不乐的样子，至于他为什么感觉不到快乐，就连与他结婚18年之久的妻子也弄不明白。

这天，鲍勃8岁的儿子对他说："爸爸，老师给我布置了一篇作文《微笑的力量》。我不知道怎么写，你能帮帮我吗？"鲍勃点点头，但他也不知道微笑会有什么力量。于是，他对儿子说："你给爸爸一个礼拜的时间，好吗？"

于是，鲍勃决定用接下来的一周时间做一个验证。

早上，鲍勃上班的时候，和妻子微笑着说了声再见，妻子也报以微笑。进入电梯后，鲍勃对电梯管理员微笑地说了声"早安"，对方也同样微笑地说了声"早安"。下楼后遇见门口的警卫，鲍勃微笑着与他打了招呼，对方也礼貌地回应。搭乘地铁时，鲍勃对地铁站的检票小姐微笑，检票小姐随即也对着他微笑。来到公司后，鲍勃对着这些平日里经常见到却从未微笑过的人，笑着打了招呼，大家也都面带微笑地与他攀谈……一天的时间内，鲍勃对每一个与他相遇的人，都会微笑，而对方，也报以真挚的微笑。

一天结束后，鲍勃觉得心里暖融融的。

第二天，他照例如此。第三天，同样如此。第四天、第五天、第六天，直到一个星期过去了，鲍勃突然觉得自己的工作和生活发生了彻底的改变。因为微笑着与每一个人打招呼或者说话，人们与他交谈时，也都面带笑容。他之前从未感受过这种被微笑包围的感觉，一时间陷入到莫大的幸福之中。

当然，鲍勃儿子的作文得到了老师的表扬，而鲍勃本人也因此而脱胎换骨，他从一个整日闷闷不乐的人，变成一个时时都面带微笑的人。

诸如此类的事情还有很多，但是归总到一起，一切事情朝着好的方向发展总离不开两个字——“微笑”。

说话的时候，你面带微笑会源源不断地向对方传递信息；初见面时，你面带微笑，会让人觉得你是一个好接触的、让人没有距离感的人；说第一句话时，你面带微笑，会让人觉得你十分友好、令人亲切；对方在表达自己的观点时，你面带微笑，会让人觉得你是个懂得倾听的人，你的微笑甚至表示你对他的观点表示认可；深入沟通时，你面带微笑，会让人觉得你是一个有修养的人，让人觉得十分舒适；交谈结束即将告别时，你面带微笑，会让人觉得你对他的离开不舍，欢迎他再次到来。

但是这一切的前提是，微笑是发自内心的、自然的、真诚的，切不可皮笑肉不笑地咧嘴一笑，也不可张大嘴巴哈哈大笑。前者让人觉得虚伪、生冷，后者让人觉得憨傻夸张，肚子里没货。

微笑似乎已经成了国际语言，不需要翻译就能够动人心弦。微笑更像是一种艺术，它的出现往往是直击人心的，是春风扫去阴霾，是暖阳融化冰雪，是清泉播撒滋养……微笑是一种气质，气质得益于修养；微笑是一种境界，境界还靠磨炼。

武侠小说中常道：“相逢一笑泯恩仇，桃花依旧笑春风。”这世间里的恩怨情仇都能被笑容化解，还有什么事情是微笑无法解决的呢？学会真诚地微笑，懂得真诚地微笑，你就能在交流的时候获得进入对方内心的通行证。

法则 4：别让唾沫飞溅，伤了你的听众

在日常生活中，我们经常会遇到这种情况：在一些公共场所或者小组讲话，尤其是在讲座上，有的人讲话的时候口若悬河，滔滔不绝，唾沫飞溅，而台下的观众却是鼾声不断，甚至出现不耐烦的情绪。第一排的听众更是一脸嫌弃地用袖子擦拭面部，那表情要多纠结有多纠结。很多人在情绪激动的时候讲话都会不经意间唾沫横飞，而自己却未有所觉。这也是很多演讲者在台上容易忽视的一个细节，讲到生动之处，演讲者总是很激动、兴奋，这时候就很容易唾沫飞溅，“伤”到听众。

有一位学者，口才十分了得。在学者开设讲座的最初一段时间，他的每一场讲座都令听众情绪高涨，讲座也达到了很好的预期效果，媒体对此也是一片称赞之声。没过多久，这位学者便发现了一个问题，虽然自己的每一场讲座还是有很多听众，讲座也十分圆满，但每一场讲座第一排的位子总是空着的，无一例外。而且，来听自己讲座的人似乎越来越少了。学者十分苦恼，便向听过自己讲座的朋友请教了这个问题。

朋友叹了一口气：“你真的不知道吗？”

“我有什么问题吗？”学者大吃一惊，以为自己在台上说过的话出现

了什么纰漏或者常识性的错误。

“你没发现，每当你讲到情绪激动的时候就喜欢下台贴近听众吗？”朋友若有所思地望着他。

学者点头答应着，无奈地说道：“但现在第一排总是没有听众，我觉得奇怪。”

“因为你每次都会把唾沫喷到听众的脸上。”朋友如实告知。学者的脸上一阵红一阵白，这个问题他自己从来都没有注意过。

原来，学者每次演讲到高潮时都会走下台来站在中间，并且靠近听众，演讲者那时的情绪十分激动昂扬，甚至有些沉浸在自己的演讲中，于是把自己的口水喷到了离得最近的听众身上。久而久之，听众知道了这位学者的“不良习惯”，一传十，十传百，了解过的听众就敬而远之了，第一排的座位就渐渐空了下来。无论学者讲得多么声情并茂，被唾沫星子溅到过的听众，都无法集中注意力去听，在听完讲座后自然也是满腹怨言。

有很多人在讲话的时候会不自觉地喷出唾沫，溅人一脸，任何听众遇到这种情况都会感到不舒服。口水是口腔的分泌物，很多疾病都会通过呼吸道传染，而口水很有可能就携带了病菌。听完一场讲座，自己却仿佛淋了一场“蒙蒙细雨”，这样的经历，即使再好脾气的听众，也会对演讲者的“吐口水”行为大吐苦水。

其实在日常生活中，这种情况也很常见。尤其是公共场合，遇到随地吐痰，或者朝地上吐口水的人，几乎所有的人都会捂上口鼻，避而远之。可见这种举动实在是不雅，令人反感。而在其他更加庄重的场合，更是如此。口才好不好对于一个演讲者来说至关重要，但起基础作用的还是举止的文雅，无论情绪有多激动，都要注意控制自己的说话方式，即使是听名人的讲座，被喷一脸的唾沫星子听众也会不舒服，更别提专心听讲座了。

法则 5：“口臭”不是病，可能要了你的命

说话的艺术不仅仅体现在措辞、表达方式这些“看得见”的艺术上面，实际上还有“看不见”的艺术，那就是谈话的“味道”。其实不难理解，我们经常会看到那些做销售性质工作人员的身上，总是会随身携带一些口香糖或者润喉糖这类的小物件，这类小东西虽然不是生活的必需品，但是为什么却成了他们不离身的小物件呢？

销售人员最犀利的武器就是他们的嘴皮子，三寸不烂之舌能将死的说成活的，能够让消费者产生购买欲望。为了表现亲昵，销售人员时常会拉近自己和消费者的距离，甚至凑得很近去说话，此时此刻随身携带的口香糖或者润喉糖就派上了用场。试问，一个人在凑近跟你说话的时候，吐气如兰，你的心情会不会顿时就好了很多呢？反之，如果开口就是难闻的味道，你又是否能忍着异味继续听销售人员手舞足蹈地说下去呢？

“口臭”我想每个人或多或少都会有一点点，譬如在食用过葱蒜这类刺激性气味食物之后没有及时清理口腔，然后嘴巴里就不可避免地会留下一些异味。这也是为什么很多人在日常饮食中拒绝添加葱蒜这类佐料的原

因，虽然对身体有一定的好处，但是食用之后的确会带来尴尬。其实，想要避免这些尴尬也不是不可以，随身携带口香糖或者口气清新喷雾都能及时有效地避免这些尴尬。

“口臭”看似只是一个小问题，可事实上，“口臭”虽不是病，但是在说话时却能“要了你的命”。一句“有味道”的话，就能够轻易地将你打入别人的人际冷宫。

小林是公司新来的行政专员，模样温柔娴静，说起话来也是轻声细语，大家对她的第一印象都特别好。俗话说，相由心生，面向如此，心地必然也十分好。然而令人意想不到的是，小林在公司工作了一年多之后，仍然没有一个关系要好的同事，薪酬方面也没有调整，按理说公司工作满一年的员工是要进行一次薪酬调整的。不过小林个性温顺，对于公司的不调薪只认为是自己工作不到位，倒也没有要求太多，工作也就这么相安无事地进行着。直到有一日，公司的大客户来访，彻底改变了小林的命运。

那天公司的前台请了病假，因为小林模样端正气质也不错，故暂时到前台顶替了一下接待的工作。大客户到访时自然也就是小林接待的。看起来，接待工作进行得十分顺利，哪知道等大客户走了之后，经理就把小林叫到办公室谈了谈，随后没过两天小林就辞职了。

大家都不解小林为何辞职，直到有一次公司聚餐。部门经理在宴会上一语道破：“说到这个小林呀，也是有点尴尬。性格样子都不错，就是这个说话吧有点‘味道’。”话说到这里，没想到在座的几个同事居然面露“我就知道”的表情。

经理继续说道：“也怪我平时和小林的工作没有太大的交集，日常也不怎么接触，竟不知她有严重的‘口臭’。上次大客户来可把人家给弄尴尬了，客户一直忍着没说，直到临走前才跟我提了一下，最后续约的单子到底还是没签下来，客户认为是我们不重视他们的到来，安排的接待竟是这般，简直气死了。”

经理话刚歇下，另一个同事立马接话道：“对对对，有一次我和小林在电梯里碰见，人太多就挤到一起站着了，然后小林跟我说了句话简直没把我给熏晕过去。念着她是个女孩子，也不太好意思明着说……”

“是啊是啊，之前我的职工信息更新出了点问题，小林到我跟前说话的时候我真的是觉得煎熬呀。之后每次跟她说话都尽量控制在‘安全距离’……”

大家你一言我一语，竟不约而同地说出了小林的问题。通常情况下，当事人如果有跟小林一样的问题，我想身边的人一般是不太好意思开口指出的。毕竟“口臭”这种东西说出来十分尴尬。

由此可见，“口臭”问题应该被我们重视。尤其是在说话的时候，这个问题将严重影响谈话气氛、个人形象的建立及与他人的亲密度……即便你收拾得再得体，喷上了高档的香水，穿上了高档的服装，佩戴了高档的手表，可开口的“味道”却能瞬间让你变得廉价，这种廉价是众人所避之不及的。

说话的“味道”便是说话艺术里看不见的艺术，它不需要华丽的辞藻，也不需要丰富的肢体动作，仅仅只是需要你有一个清新的口气。保护好你的口腔和肠胃，注意你的口气问题，让自己说话时吐气如兰，我相信你身边的朋友都会乐意与你交谈，哪怕聊的都是一些没有营养的话题。

做一个有味道的人，但拒绝做一个嘴巴有“味道”的人。

法则 6：注重礼仪，听众给你加十分

人与人之间交流，如果要想表达清楚自己的意思，当面说话是最好的选择。但要说话得当，又要让对方能听懂，这非常不好把握。因为我们几乎每一天都需要和不同的人打交道，和不同的人进行交流，我们都希望能给对方留下一个好印象，而要想给对方留下一个好的印象，最基本的就是注意“说话的礼仪”，其实就是最基本的说话礼貌。

“请”“谢谢”这些是我们日常生活中耳熟能详的礼貌用语。在说话的时候，多用礼貌用语，不仅能够显示自己的修养，而且也显示了对对方的尊重。

下面是一个职场上的真实故事，因为说话不慎，导致公司损失了一大批订单。

有一个海外来的商人到内地的一家公司进行合资谈判。而当时内地公司的总经理正在办公室开会，海外商人又抽不出时间，所以总经理就吩咐助手准备烟茶果品等，让海外商人在会客厅稍作休息，他随后就到。而迎接海外商人的助手是新来的，在简单地和海外商人打过招呼后，当海外商人询问总经理时，助手就直接说：

“我们经理在二楼办公室开会，他叫你去旁边的会客厅等着。”

海外商人一听，当场就皱起了眉头，这个助手说话太没礼貌了。于是他对助手说：“贵公司如果有诚意的话，叫你们的总经理到我住的酒店去谈合作吧。”说完，他便拂袖而去。

如果当时这位助手说的是“请您去”而不是“叫你去”，那么情况肯定会不一样，这家公司也不会损失这么大一个客户。这是职场上说话的艺术，稍有不慎就会得罪客户。所以对客户一定要礼貌有加，否则稍有不慎就会令公司失去合作的机会，也会给对方留下不好的印象。

无论是说话还是演讲，我们都要注意分寸。把握好分寸也就把握好了度，掌握好了分寸就是把握住了说话的礼仪。在我们很小的时候，老师或者父母都会教我们说“请”“谢谢”“对不起”等，其实这些就是常用的也是最基础的说话礼仪。当别人帮助了自己时要说“谢谢”，犯了错误要说“对不起”，这样才是一个懂礼貌的人。说话注意礼仪具体可以从以下几个方面着手：

（1）说话要使用礼貌用语。“您”“先生”“大娘”“大叔”等这些都是在称呼上需要注重的礼貌用语。对自己年长的人需要用礼貌的称呼，而不确定对方是否比自己年长时，最好用“您好”“打扰一下”“请问”等词语开头，这样的话，就不会叫错，能够避免尴尬。

（2）说话要注意场合。不同的场合要选择不同的说话方式，这样才能做到得体。说话注意场合非常重要，因为有的话只适合于特定的场合。比如在工作的场合下，和同事嬉笑打骂就显得非常不合适。这样会让客户觉得公司是一个没有制度的公司。

（3）说话要充满微笑。微笑是一种适用于任何社交场合的调和剂。面露微笑就是表明自己是带着善意来的，这样的形象能够让人感觉到亲近和友善。

当然除了以上三点，还有很多需要注意的地方。比如自己的穿着、说话的语速、说话的态度等都会影响到听众对我们的看法。而在交谈的时候，选择谈话的内容也非常重要。如果选择的话题对方完全没有兴趣，或者只顾自己说，表达自己的观点，而不顾对方的感受，这同样也是一种不礼貌的行为。要做到谈吐优雅，礼貌有加，善于把握自己谈话的时间，也给对方留足互动的空间，这样才是全方位地做到了谈话的礼仪，听众会觉得这个人十分好相处，易于接近，也自然会在心里给你加分，这样自然而然就给别人留下了很好的第一印象。

法则 7：做最好的自己，让世界认识你

看到那些被老天眷顾的人，我们总是笑笑说："不过是运气好罢了。"其实内心既羡慕又嫉妒。但是反过来想想，为什么老天总是眷顾别人？而幸运之神却从未降临到你的面前？事实上，机会从来都不是从天而降，那些你们嘴巴里"不过是运气好"的人，他们一直在做最好的自己，机会来临时才能够不费吹灰之力地抓住。你不被上天眷顾不是命，而是你自己不够努力。

第一印象在社交活动中是判断一个人的关键点。尽管有些时候第一印

象并不完全准确，但往往是令人印象最牢固、最深刻的。很多时候，两个人长久相处下来，很多细节的东西并不一定记得，但是你会发现，每当提起一个人时，脑海里总是不由自主地浮现与这个人初次见面的情景。第一印象在陌生人当中起到非常大的作用，往往决定了这两个人接下来的关系是否融洽。

外在的形象是无声的语言，是好是坏，是精致是随便，是阳光是阴沉，虽无言，但是无声更胜有声。因此，外形上的第一印象是不应被忽视的。

除了外形之外，初次见面的发言也是很重要的。就像当官的人十分注意如何烧好新官上任的“三把火”一样，第一印象决定了这个人在人群里的定位。如果你想给人严谨威严的感觉，初次发言就应当言语简练、词约义丰，语调上也尽量平稳，减少语气词。如果你想给人阳光有趣的感觉，发言时可用一些时下热门有趣的词汇，语调可轻快灵动些。

有了好的开头，接下来相处的过程全凭感觉，但这一切都是基于基本的礼仪素质之上。人心是很奇怪的，有些口才极佳的人也会在社交活动中吃亏，口才好顶多能让交谈不冷场，有时候巧舌如簧也会适得其反。不过，心理学认为，人的记忆或者印象有“记忆的系列位置效果”，也就是说人的记忆会随着时间以及话语不同的位置有深浅之分，一般来说，相处的开始和结束往往会给人留下深刻印象。那么，在相处过程中的不愉快或者缺陷，用一个好的结束来弥补也能够给对方留下一个好的印象。比如，千万不要在客人走后“砰”的一下大声关上门，否则即便你前面做得完美无缺也都前功尽弃了，在客人的心里必然会有“看来前面的热情都是虚情假意呀，关门这么用劲应该是巴不得我快点离开吧”的想法，尽管你丝毫没有这样的想法。所以，社交活动结束后的语言和动作也应注意，一切要基于礼仪礼貌之上，适宜的热情、亲和必定让你加分。

最好的自己不是说一定要学富五车，也不是一定要家财万贯，更不是酒肉朋友遍天下，而是任何时刻的你，都让人觉得值得深交。可能你一穷二白，可能你家徒四壁，但是会做人、会说话，会提升你人际关系的高度。肚子里有货却不知道怎么“倒货”的人大有人在，这样的人在学问上的确让人佩服，但在人际关系上却着实让人不敢恭维。口才绝对是基于学问但高于学问的一门艺术。想要成为最好的自己，除了无声语言的修炼，有声语言的修炼也必不可缺。

做最好的自己，让全世界都认识你。成为最好的自己，全世界都会给你让路。

无论你是在跟人谈话，还是对着几百人演讲，一定要把自己最好的一面表现出来。试想，如果演说者是位不修边幅的男士，头发蓬乱，穿着松松垮垮的裤子、皱巴巴的衬衣，皮鞋也没有擦干净……如果演说者是位女士，她提着一个样子丑陋的手提包，穿着奇怪的衣服……你会有耐心听他们讲半个小时吗？你肯定会想：演讲者的头发是乱糟糟的，那么他的思维应该也是乱糟糟的！

开场 30 秒，直截了当说重点

法则 8：先做小抄，寻找聚焦点

一段精彩的开场白总是能令听众回味无穷。俗话说：“台上一分钟，台下十年功。”对于会说话的人来说，同样如此。开场白精彩而又妙趣横生，实际上表现出的是说话人很深厚的语言功底和口语交际能力。一段精彩的开场白必须事前做好充分的准备。在开场白之前做小抄就是非常实用的一个办法。尤其是对于不擅长在公共场所或者人群聚集的地方说话的人，做小抄尤为重要。这样可以及时纠正说话人的思维，令自己说出的话都围绕着主题。

有一位学者在演讲的时候就是这样做的。

在开场前，学者先在脑海里大致勾画了此次讲座的步骤，将演讲的主要内容熟记于心，为了避免自己在演讲的时候说错话或者偏离了主题，学者又在自己的手掌上写下了这次演讲的中心主题和引起话题的办法。因为小抄是写在手上的，所以学者在台上演讲的时候，很自然地抬手，底下的听众也不会发现。学者应邀在某中学的主题讲座是“青春”，因为面对的都是12~16岁的青少年，所以学者经过调查，将聚焦点放在了14岁的青少年身上。学者的开场白是这样的：

“老师们、同学们，大家好，今天我来到美丽的合川中学为大家说一场关于‘青春’的讲座。青春是什么？青春是人生中最青涩、最美丽的一段时光。在座的同学很多都是十四五岁的年纪，还没有成年。有没有同学能够讲一讲在这个年纪最让人难以忘记的一件事呢？”

底下的同学开始窃窃私语，有一些胆子大的学生开始嚷嚷。学者就让这些积极踊跃的学生发言，现场的气氛非常活跃。很快，同学们就偏离了主题，学者看到手掌中的字，很快就反应过来，于是很快就调整了自己的讲话思路：

“同学们，14岁的确是十分稚嫩。刚才同学们讲的都非常有趣，这些事我在14岁的时候同样也做过。现在我给大家谈谈我那时候对未来的规划……”

学者就是因为做了小抄，才在中途及时调整了过来，而整个演讲也非常顺利。

讲话的时候一定要有聚焦点，就像一张感人的照片，在拍摄的时候必须距离对准，聚焦合适，这样拍出来的人和物才是清晰的。说话同样也是如此，要寻找聚焦点，否则说话会漫无边际，有什么聊什么，这样的话，会让听众感到疲惫。那么在说话的时候如何聚焦呢？简而言之，就是说话人概括出来的和说话主题紧密相关的说话点，能够很容易就引起听众的兴趣，瞬间就抓住听众的神经。

在一场商业讲座中，一位企业家刚上讲台就从口袋里掏出了一个硬币，他就是这么做开场的：

“看到这个硬币了吗？”

一瞬间台下的听众都十分好奇地盯着企业家，全场所有的聚焦点都凝聚在企业家高举的硬币上。

“很多人对一块钱都不屑一顾。在座的朋友们好好想一想，这一块钱对你有什么作用呢？对于小孩来说，一块钱可以用来买一块糖果，家庭主妇可以用这一块钱买几根葱，学生可以用它买一支中性笔，我很想听听在场朋友的意见。”企业家继续说道。

底下的听众都说出了自己的用途：

“丢给路边的乞丐。”

“给自己的小孩。”

“需要零钱的时候才会用到它。”

……

“大家对一块钱的用途在生活中都太常见了。想知道我用这一个硬币做什么吗？”企业家故弄玄虚。

底下的听众猜做什么的都有。企业家摇摇头，说：“我用这一块钱进行投资。”

底下的听众都表现出不可置信的表情。随之，企业家又开始了后面的演讲。

这位企业家演讲的聚焦点就是“硬币”，所有开场话题的打开和延伸都是围绕着自己手中的硬币，很好地将听众的视线和关注点都定格在了“硬币”身上。通过对硬币用途的提问，牢牢锁住聚焦点，将自己演讲的主题很好地引开，非常巧妙而又与众不同。

演讲过后，有听众热情地询问道：“你的演讲太精彩了，请问有什么秘诀吗？”

这位企业家从口袋里拿出一张纸条，神秘地一笑：“秘诀都在

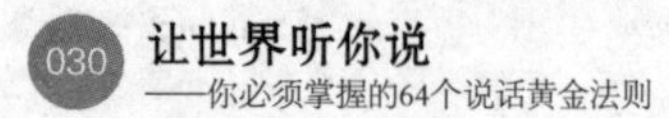

这里。”

那位听众一看，原来这是一张小纸条，上面提纲挈领地写着演讲的步骤，如何引题，如何切题，如何达到高潮，如何收场……

说话需要技巧，同样也需要胆量，还需要自信。一个面对很多人还能够侃侃而谈、对答如流的人，一定是在很多类似公共演说的场合身经百战之人。然而每一个知名的演说家在第一次登台的时候都会做好充分的准备，这些准备就包括做小抄。因为有了万全的准备，演讲者上台的时候才会充满信心，而在演讲进行时，才可以有充足的时间寻找聚焦点。这里的聚焦点有的是可以事先准备的，比如一个硬币，或者其他的物件。最好的寻找聚焦点的办法就是观察，说话人一定要细心观察周边的环境，对自己的听众也需要有基本的了解。这样才能找到共同点，有了共同点，就能找到聚焦点。有了聚焦点，无论什么样的听众，都会对说话人引出的话题感兴趣，也才能营造出良好的交流氛围。

法则 9：开口之前，理清你的思路

在日常交往中，开口说话是一种十分重要的交际能力。然而生活中很多人说话都前言不搭后语，没有条理，这样的谈话只会让人心生厌烦，也会给自己的语言交际带来消极的影响。

说话必须有条理，不能因为自己的情绪起伏，话不经过大脑张口就来，这样不仅容易得罪人，也会让自己陷入尴尬的困境。

有的人心直口快，总是心里想什么，嘴上就说什么。其实，这样的人在开口前没有整理好自己的思路。要想表达清楚，将自己内心真实的想法传达给对方，需要清晰的思维。简而言之，就是在开口前要整理好自己的思路，想好说什么话才合适，话要怎么说。我们经常会看见有的人平常和朋友说话的时候，能够做到收放自如，而一旦上台讲话，则会面红耳赤，支支吾吾，甚至语无伦次。这种情况很常见，在人多的场合，人说话难免紧张，或者担心自己说错话，会贻笑大方。要想改变这种情况，首先就要做到控制好自己的情绪，稳定自己的心态。

开口前整理好思路，首先要做到的就是要有清晰的思维。好的思维能力需要长期的训练，而要想拓展自己的语言能力首先就要学会聆听，尤其是听语言大师讲话会获益匪浅。因为对话之间就隐含了内在的逻辑性，只要能听懂其内在的逻辑性，就能够慢慢整理好自己的思路。

著名心理学家道格拉斯在演讲之前，会花一些时间来清理思路，因此演讲的内容条理清晰。一次，道格拉斯就以税务专家和伊利诺伊州参议员的身份进行了一场演讲。开场之后，他便说道："今天，我演讲的主题是：最迅速、最有效的行动方式，是对中低收入阶层减税。因为这个群体的人们差不多会花光他们所有的收入。至于原因，具体而言，首先……其次……再次……那么，采取什么措施呢？第一……第二……第三……总之……"

可见，正是因为在演讲前清理好自己的思路，这样的演讲才会透彻易

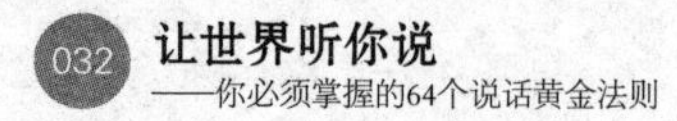

懂，很容易让听众明白演讲的内容和要点。

在开口之前，首先要分析形势，看清自己所处的环境，以及形势和环境之间内在的联系，是整体与局部的联系还是相似的联系，或者其他联系。人的表达能力同样也需要训练，首先要做的就是耳听八方，先学会沉默，分析别人为什么这么说，别人听到后会是什么反应，以及假设情景再现，自己在当时的情况下，会如何说。在人际交往中，说话是非常重要的交流工具，词不达意的话往往会让听者感到疲惫不堪，这样也会影响人际关系。人与人之间沟通需要技巧，最重要的就是培养自己的逻辑思维能力，这需要很长一段时间的训练，古语有云："三思而后行。"说的就是在行动之前要再三思考，说话也是这样，开口说话前，反复思量，掂量利弊关系，这样就能够整理好自己的思路，说话有理有据，字正腔圆，令人信服。

读者朋友们，开口之前，一定要注意清理你的思路，这样才能把话说得更简洁、入情入理。

法则 10：精准简练，让你的开场白先声夺人

简约美已经逐渐成为21世纪的主流，从服饰到发饰，从装修到家具，越来越多的人已经摒弃了复杂的审美，渐渐开始认识到简约的魅力。这种美丽是开放的、超脱的，没有局限性。因为简约，所以有足够的想象空

间，在这样的留白里，任何美感都跳脱出框框架架。不光外在展现的东西需要简约化，就连说话的简约美，也悄然在社交环境里流行开来。精准简练的话语，能让你的开场白先声夺人。

有这样一个故事：

子禽曾问自己的老师墨子："老师，一个人说话的时候，是话多好，还是话少好？"

墨子说："话多并不好。你注意没有，池塘里的青蛙整天呱呱叫，虽然它叫得口干舌燥，但是没有人注意它。可是，雄鸡在清晨只叫唤两声，大家都听到了。"

由此可见，话不在多，说得精准简练就好。

很多时候，我们在表达一件事情时，总认为说得越详细越好，为什么？怕人家听不懂！所以，开会发言、自我介绍、当众演讲、社交沟通等一切需要"说"的场合，我们从不放过任何一个可以发言的机会。我们竭尽所能，表达一切我们自认为合理、正确的东西，更有甚者，生怕当下的表达还不足够，于是添油加醋、夸大其词，以求表达出来的东西更有说服力、可信度。

如果给你一个倾听者，尤其是当你受到冤枉或委屈满腹牢骚无处倾诉时，我相信大部分人的话语一定似滔滔江水一个劲儿往外泄，停都停不下来。但是我们有没有想过，那些倾听者是否真的愿意去听你反复陈述着这些跟他们无关的事情？即便你说得情真意切，即便你说得天花乱坠，然而解释事情的真相可能两三句话就足矣，往往那些倾听者关心的是事情的本质，而不是这件事情发生后给你带来的心理感受。

我们做自我介绍也是如此。大多数人关心的只是关于你的部分信息，至于你喜欢听什么音乐、喜欢什么菜系、喜欢什么颜色又或者喜欢哪个作家的书籍，我想只有粉丝追偶像才会去关注这些。现在很多人做自我介绍时，往往乱七八糟一通说，除了简单的信息介绍外，时不时还会加上几句对自己的吹捧，譬如我跟谁谁谁是校友、前两天我去GUCCI买了个包、你们学校的某某某之前上我的课……自我介绍的人说这些话无非是为了套近乎，或者提升自己的外在形象，出发点本没有什么恶意，但是，那些听你说这些话的人不见得对这些话受用，说不准还适得其反。

精准简练的发言说出来，有足够的留白空间，这个空间的正和反都是绝对独立的，那么别人在听到你这个话时不会产生不好的偏移，同时这个空间也是留给自己的，有空间才有退路。一上来就把话说得太满的人，往往后面想要弥补时，只会越描越黑，相反，留有余地的人往往能够绝境逢生。

精准简练，让你的开场白先声夺人。提升口才，为自己的人生谱写华丽乐章。学会简约，学会留白，进退有度的人生才精彩。

当然，要想讲出精准简练的开场白，一定要花心思打好腹稿。

一次，有人问美国第28任总统伍德罗·威尔逊：“请问您准备一次演讲需要多长时间呢？”伍德罗·威尔逊答道：“这取决于演讲的时间长度。如果演讲规定的时间是10分钟，我需要两个礼拜来准备，整理好自己的演讲思路；如果是半个小时的演讲，我需要一个礼拜的时间准备；如果没有规定演讲时间，那么，我马上就可以开始了。”

无独有偶，有位作家也说过类似的话：“如果给我很长的时间，我会写出更简洁的文字。”

由此可见，越简短的演讲或谈话，其实难度越大。因为你要在有限的时间内把自己的观点说清楚，还要具有说服力。

法则11：抓住重点，有的放矢是关键

说话是语言的艺术。人们通过谈话进行交流，表达思想。话说得好不好，能不能让人信服，获得赞同，和说话的方式有很大的关系。说话漫无目的，泛泛而谈，或者口若悬河地炫耀，只会让听者感到厌烦；而说话重点突出有的放矢，就会使得气氛融洽，让听者兴致大增，获益匪浅。话说得好不好，最重要的就是抓住重点。

说话一定要有重点，这样才能抓住对方的心思，吸引听众的注意力，也才能达到自己的目的。那些口才了得的人之所以能够让听众信服，拍手称赞，绝不只是拥有渊博的知识这么简单，关键在于他们能够抓住重点，一语中的，这样才能力挽狂澜，扭转局面。

萧何是汉代著名的丞相，上林苑是古代专供皇帝狩猎用的园林。有一次，萧何向刘邦觐见，提出削减上林苑的面积以供附近的老百姓耕种。刘邦一听大怒，认为萧何受了当地老百姓的恩惠，要治萧何的罪。萧何被捕入狱，苦不堪言，在狱中受尽折磨。

就在生死关头，有一位侍卫官对刘邦说："陛下当初和项羽争天下，那几年陛下在外面四处征战，而萧丞相一人镇守关内，深受百姓爱戴。假如丞相当时稍有谋权夺利之心，那么陛下得天下的步伐肯定不会这么顺利了。丞相如此智慧之人，怎么会在大利面前无动于衷，而谋眼前这蝇头小利呢？"

侍卫官简简单单的几句话，句句有的放矢，切中要害。刘邦恍然大悟，当场下令赦免萧何。

由此可见，说话最重要的就是要抓住重点，好比"擒贼先擒王，打蛇打七寸"，这样才能阐述清楚自己的观点，使自己的表达准确无误，也才能以最快最有效的方式，让听众明白自己要表达什么。尤其在推销这种行业，说话更需如此。

李小峰曾经遇到过很多电话推销，大多数时候，只要不是骚扰电话，而他又有空闲，他都乐意接这种电话。因为刚毕业那几年他也做过类似的电话推销，出来工作都不容易，因此接到推销的电话，他一般都不会直接挂掉。

有一天，李小峰接到了一个这样的电话，十分标准的推销开场白，李小峰能听出来这是一个年轻的女孩子。李小峰并没有打断她，就这样安静地听了一分钟之后，他沉不住气了，因为在这一分钟的陈述里，她的推销完全没有任何重点。她一直在介绍这个城市的中心地段有多么繁华，以及每天的人流量等数据，再加上十分官方的推销声调，这种推销实在是枯燥至极，李小峰不耐烦地打断了她："对不起，我不感兴趣。"

"可是您都不了解我要推销什么，怎么会不感兴趣呢？"对方十分惊讶。

“你不是要介绍商铺出租吗？”李小峰问道。

“您是怎么知道的？”

“抱歉，我对这个没兴趣。”说完，李小峰很快就挂了电话。

对推销人员来说，最重要的就是能够在最短的时间内抓住机会，既然有了谈话的机会，那就更应该说话简短而有重点，这样才能够准确传达信息，才不会让听者厌烦。

说话有重点在谈话中十分重要，即使是一个出口成章、学富五车的学者，说话也要有重点，这样说出的话才会让人信服。而在很多场合的讲话都需要抓住重点，清晰明朗地阐述自己的观点，也可以采取自问自答的方式，准确清楚地表达自己的想法，这样说话，能够有效地传达出最准确的信息，也才能够抓住本质，让听众信服。

法则 12：巧剥洋葱，让重点逐层展现

说话的时候如何让自己的观点明确清晰且重点突出很需要技巧。这就好比剥洋葱，由外及里层层剥开，一步一步引导听众走向重点，这样说话不仅能让人理解透彻，更能让人印象深刻。

华盛顿不仅在政治上有着卓越的成就，在生活上也是一个能言善辩的人。有一次，华盛顿家的马被偷了，经过一段时间的侦查，他发现是被邻居偷的。起初华盛顿试图通过法律手段来解决，但当警察到了以后，这个狡猾的邻居根本就不承认自己偷了马。警官自然不会认识马厩里的马，但华盛顿一眼便认出了自己家的马，情急之下华盛顿走到自家的马前，捂住了马的双眼，问邻居："请问你知道这匹马哪只眼睛是瞎的吗？"

这个邻居看着华盛顿一副胸有成竹的样子，左思右想，才犹犹豫豫地说道："左眼。"

华盛顿微微一笑，在警察的注视下缓缓把自己的左手放开。这匹马的左眼完好无损。邻居变得非常紧张，连忙磕磕绊绊地向警察解释："刚才是我太紧张记错了！这匹马明明是右眼瞎的。"

"是吗？您确定？"华盛顿又放开自己的右手，马的右眼同样完好无损。

"您看，他对自己家的马一点儿都不了解。这匹马身上还有许多特征……"华盛顿十分详细地介绍了这匹马身上的特征。直到这时邻居才不得不松口，供认了自己偷马的罪行。

上面的故事中，华盛顿就是采取了层层递进的方式。如果一开始就喋喋不休地向警察解释自己这匹马的各种特征，反而会让人产生怀疑：哪匹马不长这样？而华盛顿却将话题转向了邻居，使小偷自乱阵脚，然后再层层递进，向警察说出马的特征。有了前面的铺垫，华盛顿这时候说的话就会更加有说服力。这种方式不光能使话语更具说服力，有时候直接切入主题会让本来就兴趣不大的人失去兴趣，而如果采取剥洋葱的方式层层递进，反而会使人产生兴趣。

汤姆是一名销售人员，他非常善于推销产品，即使是没有需求的客户也会被他所说的话吸引。有一次，汤姆所在公司新推出了一种移动电话。这种移动电话既可以接外线又可以接内线。公司的意思是，初期最主要的任务就是推广，只有推而广之以后才会有利可图。汤姆按照事先的预约来到了一家公司负责人的办公室。

“您估算公司需要多少台电话？”汤姆问道。

“8台就够了。”

“您确定吗？”汤姆拿着笔记本细心地记下。

“我确定。”负责人很肯定地回答。

“那您觉得哪一部电话更适合安在您的办公室？”汤姆从自己的包里拿出了两部最新的电话，款式看起来也不一样。

“左手边那一个。”负责人饶有兴趣地看着那部电话。

“那您不觉得安一部既可以接内线又可以接外线的电话更加方便快捷吗？”汤姆试探性地问道。

“我听说过这种新型的电话，方便倒是方便，但是话费不是会更贵吗？”负责人说道。

“当然不会，话费和其他的是一样的，您安上之后可以查询。”汤姆说道。

“这样啊，那听起来还是挺不错的。”负责人有些心动了。

“当然了，这种电话十分方便快捷，会为您节省更多的时间。您看这种电话需要几部，分别安在什么地方合适呢？”汤姆继续说道。

“我这里安一部，还有老总那里也需要一台……”负责人一边思考一边说。汤姆飞快地在笔记本上记下来。

“那您的这一部就安在这里，还有老总那里的一部，我稍后就打电话请公司的专业安装人员过来安装，您看这样方便吗？”汤姆进一步说道。

负责人很愉快地接受了汤姆的建议。很快，两部新型的电话就推销出去了。

汤姆的说话方式十分有技巧，他并没有在一开始就直接向负责人推销这种新型的电话，而是在聊过之后，一步步地将话题引向新型电话，让负责人产生兴趣，并逐渐接受了汤姆的观点，最终同意安装。好的推销手段就应该这样循循善诱，步步为营，最终大功告成，推销成功。

说话太直白，大多数时候会遭到拒绝，因为很多话直接说出来会让人产生怀疑或者误认为是在带着某种目的故意挑衅。而说话过于委婉曲折，则会令人百思不得其解，不清楚重点是什么。好的说话方式就好比剥洋葱，一层层剥下去，让重点循序渐进地呈现出来。这样才会既不使人反感，又能更好地把握重点，表达清楚自己的观点，从而让人比较容易接受。

法则 13：语言扼要，绝不拖泥带水

演讲有没有水平，不在于有没有大量风趣的段子或华丽的辞藻，而是在于演讲主题是不是有深度和高度，同时也取决于演讲者措辞的精准程

度以及是否拖泥带水。一句话能说清楚的东西，你反复地说，听众当然厌烦；原本纷繁复杂的论述，你能够简明扼要地说清楚，观众就会觉得精妙有趣。

所以说，语言扼要，绝不拖泥带水的演讲风格会提升演讲的整体效果。

其实提到口才，我们往往想到的是能言善辩、出口成章，随便一开口就是洋洋洒洒长篇大论。但是现如今，又有多少人有时间和精力去倾听一个人的长篇大论？

近几年各家企业、单位，都提倡开短会、简会，长篇大论的时代已经过去了。包括面试当中对自我介绍的要求，都从最早的“请做一下自我介绍”变化到“请简单介绍一下自己”，再到“一分钟的自我介绍”，最后到“花30秒钟做一下自我介绍”。为什么面试当中决定第一印象的自我介绍，时间从自由发挥缩减至30秒？因为，现在的面试官越来越清楚，某些空有“口才”的人，往往会准备好一肚子的话尽情表现自己的才能，那些口才佳的人都喜欢充分发挥自己的优势，往往能举一反三，这类人往往在之后的工作中无法看清自我，表现令人失望。同时，面试官们也认为，30秒的时间足够面试者挑拣出重点陈述清楚，他们希望的不是听冠冕堂皇的话，只是一个清晰简单的自我认识。

这一心理其实和听众去听演讲是一样的。听众不太愿意听演讲者大篇幅地去修饰、去举例，这种大肆渲染、堆砌的演讲会让人感到疲惫，同样容易让听众甚至演讲者丢失演讲的重点。主题的突出不在于修饰，一句画龙点睛的话，已经足够让演讲锦上添花。

所以，一个优秀的演讲者，除了能够根据演讲中心主题有力地发散式演讲，也能够用简明扼要的语言做归纳和总结，把中心思想清晰地传递给听众。

美国前总统林肯是一位伟大的政治家，同时也是一位出色的演讲家。1863年，林肯在葛底斯堡国家幺墓揭幕式中发表演讲，哀悼在葛底斯堡战役中阵亡的将士。在林肯演讲之前，有人整整讲了两个小时。林肯上去后，他用了10句话60个词组成了一个3分钟的演讲，把之前演讲者两个小时的话浓缩成了短短的3分钟，全场15000名观众热泪盈眶。这就是著名的“葛底斯堡演说”，此后它被铸成碑文刻在石碑上，为后人所铭记。

有一期《非诚勿扰》里的一个男嘉宾是某个咨询公司的首席咨询师，家底也不凡，按理说这样的男性会受到大部分女性的青睐，然而令人意外的是，在场的女嘉宾全部灭灯，这个男嘉宾遗憾离场。后来主持人孟非对他做了一个简短的评价：说话曲折，喜欢用隐隐约约、拐弯抹角的表达方式，本来不高级的事儿喜欢包裹特别高级的词汇在里面。

这个例子也说明，除了演讲，即便是基础社交，人们也喜欢简明扼要、清晰明朗的表达方式。那些拐弯抹角、口若悬河的人并不受待见。

两个司机同时去应聘一个岗位。

在面试的时候，第一个司机在领导面前滔滔不绝，讲述自己开车的经历，强调自己开车的经验有多么丰富。这个司机讲了半个多小时，可是这些陈词滥调早让领导听得不耐烦了。

第二个司机就说了三句话：“听得说不得，开得使不得，吃得喝不得。”什么意思呢？给领导开车嘴巴要稳，车是公家的车，不能随意使用，跟领导出去，一定不能瞎喝，会误事，试问哪个领导不喜欢这样的人呢？可见会说话是多么重要，话不在多，达意则灵，这个司机就做到了这点，短短的三句话就把领导想要听的都有效地表达了出来。

能够将篇幅化繁为简的人，对语言有充分的掌控能力，并非为了堆砌篇幅而去堆砌篇幅。演讲者也是如此，滔滔不绝地去讲去表达纵然没有什么不妥，但是前提是讲的内容要有层次有高度。一场演讲的高质量也在于思想和主题的准确传递，语言不简明扼要，不同的听众得到的讯息点会不一样，这是因为每个人关注的点是不同的，就好比有的人喜欢看《娱乐周刊》而有的人喜欢看《财经周刊》一样。同时，厚重、复杂的表达方式，也会让听众丧失听下去的耐心。

想要跑，必先学会走。想要学会说话，首先要学会简单地表达。想要做一场好的演讲，必先保证言语简明扼要，绝不拖泥带水。

法则 14：直白易懂，不过多堆砌专业术语

我身边有这么一群人，日常社交中嘴巴里横飞着一些高端大气的词汇，尤其是当这个人从事了一个大家不熟知的行业时。比如其中的一个从事猎头工作的朋友，聊起天来常常会说：“我前不久去BD东原地产的岗位，问他们的人事经理要个JD，居然被反驳不专业。”BD是什么？JD又是什么？像我这样一个外行人，听他这么说虽然感觉很高端的样子，但是

更多的却是排斥。如果我被足够尊重，那么他在跟我交谈时是不是应该尽可能地做有效沟通，而不是自顾自地去说一些我不能理解的东西？这就好比，一个外国人和两个中国人一起聊天，应当选择用英语交流。

后来我私下查阅了一下他说的BD、JD是什么意思。BD指的是Business Development（商务拓展），“去BD某个客户”言外之意就是与这个客户寻求商务拓展的机会；JD指的是Job Description（职位说明），“问人事经理要JD”，言外之意就是向人事要某个职位的职责说明。其实本来不是什么大不了的事情，但是往后的交谈过程中，我会尽量避免单独跟这个人聊天，因为聊着聊着就会聊不下去，我若要继续聊下去就需要不断地去问这个是什么意思、那个是什么意思，对方解释时会是“这个你居然都不知道”的语气，这让我觉得有挫败感。

像BD、JD这样的专业术语就不能被使用吗？不！专业术语就应该在专业场合或者专业交流中去使用。我想，我的这个猎头朋友如果面对的是另外一个同样从事猎头工作的朋友，那么这些专业术语的缩写使用便丝毫不会影响到他俩的交流。

沟通的目的是为了交换思想，交流的目的是为了思想碰撞。如果一方面传递出来的东西是受众无法接受和理解的，那么这种沟通交流可以说是无效的。

在演讲的过程中，作为演讲者，应当尽量使用直白易懂的表达方式，而不应过多堆砌专业术语。演讲的过程是一对多的过程，听众如果听不懂某些东西是无法直接打断的，那么如果一个环节卡住，接下来的所有环节都会以似懂非懂的模式进行下去。这并不会让听众觉得这个演讲者知识渊博，我想更多的是失去听下一场演讲的兴趣。要知道，当下的人们接受晦涩难懂的东西是缺乏钻研的那股劲儿的，除非是对这个领域有十足的兴趣。

有时候，简单明了的趣味小故事，会比思维逻辑严谨、措辞精准的稿子更加让人印象深刻。这也是为什么演讲过去了那么久，听众仍然还能记得这个小故事的原因。

由此可见，一个好的演讲，不在乎你专业术语的堆砌，相反浅显易懂的表达方式会更容易让人接受。演讲者，当如此；做学问者，当如此；做文章者，也当如此。

术语的专业是它本身的专业，亦不可更改，是为了方便在这个领域里的研究者的学术交流。如何把晦涩难懂的东西用最简单的方式表达出来让众人都懂，这才是作为演讲者真正的专业。

法则 15：“阅读”听众，让说话不再没有重点

推动社会快速发展的是供需关系。人们需要买房子，所以有置业顾问，有地产商不断地去开发楼盘；女性爱美，所以有美容顾问，有化妆品商不断推出新的化妆品；小孩不能输在起跑线上，所以有培训机构，有各种培训班推出的不同品质的课程……一切的一切，都依赖着供需关系而发展。能够将消费者的需求摸准的商家，才能在行业内引跑。

所以说，“懂”消费者，营销才能有重点。说话也是如此，“阅读”听众，说话才会抓住重点。

很多时候，我们不能想说什么就说什么，而要根据听众的需求来调

整我们说话的内容。如果想说的话不是别人想听的，那么即便你三观再正确，论点再充足，说得再好，别人都不想听。反之，说了别人想听的东西，即便你说的话没有多少营养，甚至模棱两可，也能吸引听众的兴趣。这跟人们喜欢听赞美的话、喜欢看自己感兴趣的东西一样。

每个人都有自己的喜好特征。听音乐的群体，有人喜欢民谣，有人喜欢流行乐，有人喜欢蓝调；看新闻的群体，有人喜欢财经，有人喜欢社会热点，有人喜欢娱乐花边；去同一家服装店购物的群体，有人喜欢时装，有人喜欢休闲装，有人喜欢运动装。如此种种，都脱离不开受众的心理。研究受众心理，是十分重要的。

演讲也是如此，要知道你的听众想听什么，才能知道你说话的重点在哪里。

古代有一个帝王，晚上做了一个梦，梦见自己的牙齿都掉光了。他百思不得其解，不知道这个梦有什么寓意。于是，他就找了两个解梦先生来给自己解梦。皇帝问他们为什么会梦见自己牙齿都掉光了。其中一个人就说：“这代表着在您的亲属去世后，您才会去世。”皇上一听，直接大怒，让人将这个解梦先生拖出去斩了。另外一个解梦先生看了皇帝的反应不禁有些害怕，民间有传言这个帝王喜欢修道，渴望长命百岁，方才那个解梦先生也是这个意思，只是没有抓到重点，惹得龙颜不悦，于是思忖片刻，便说道：“回禀陛下，您这梦是大吉呀，暗示了您将来会长命百岁，是整个皇室家族里最长寿的一位。”皇帝听了十分高兴，安排人大赏了这个解梦先生。

其实这两位解梦先生说的意思差不多，言外之意就是这个帝王可以活很久，但是因为前一位解梦先生没有抓到重点，惹怒了帝王。“一句话说得人笑，一句话说得人跳”，大概说的就是这个意思。

演讲者在演讲时也应该懂得“阅读”观众，比如说，放眼望去，台下坐着的都是年纪稍长的听众，那么说话时就应当尽量措辞严谨端正，不应该开一些网络玩笑来带动气氛。如果台下坐着的大多是女性，男性很少，那么说话时就应当适当抬高女性的地位，不要去说“妇女地位低不被重视”这样的话。

另外，演讲者也可以在演讲过程中，通过听众的反应来判断自己说的话有没有击中听众的“重点区”。比如说，演讲者在说完一些段子之后，观众会不约而同地鼓掌，而有一些段子说出来观众的反应就很淡，这样也可以判断出听众想听什么。这种“阅读”是有声阅读，试探性地用表达去刺激听众，观察他们的反应，知道应该把话题集中在哪部分说效果会更好。

“阅读”的艺术就是投其所好，你的受众要什么，你便给予什么。虽然有些人会说：“这样做岂不虚伪得很？做人就应当坦坦荡荡顺心而为呀！”顺心而为纵然坦荡自如，但一个人的道路稍显孤独。古代有许多能人异士，就因为无法“抓住重点”地向帝王谏言而选择了归隐，最终郁郁而终。

我想说：“成败是说出来的，机遇是听出来的。”懂得“阅读”你的听众，你说出来的话句句都是“重点”。

切中要害，立刻打动他

法则 16：提出论点，绝不超过 3 分钟

所谓“削繁去冗留清瘦，画到生时是熟时”，这句话的意思就是，尽量做到言简意赅，一语中的。在演讲的过程中，提出论点的时间把握是非常重要的，最好不要超过3分钟。

词约旨丰的把握是很难的，这对演讲者的语言把控能力要求很高。想要用三两句话将重点凸显出来，又不厚此薄彼，一般人通常很难做到。论点的提出，就是把自己最大的收获、最深的体会、最有特色以及思想精练的部分表达出来，让听众直观地感受到你最想要表达的东西。

现在的大多数演讲，内容空泛，东拉西扯，有时候一场演讲下来，听众不知重点为何物。更有甚者，听完一场演讲，只觉得是听一位口若悬河之人卖了几十分钟的嘴巴关子。当然，这与当下的社会风气是密不可分的。听众喜欢什么，演讲者就说什么。这其实是个恶性循环。

听众的素质其实与演讲者的素质密不可分，这就好比什么类型的作者会积累什么样的粉丝。学术型的演讲者，听众自然大都是学术性的听众；社会研究型的演讲者，听众自然大都是社会研究性的听众。一个好的演讲者，他的影响不单单只是为听众带来一场精彩绝伦的演讲，同时，他演讲的思想和意义将由听众群体传递给社会。

论点能否成功提出，是评判演讲质量的关键因素。时间的把握，是评判论点提出精练与否的因素。环环相扣，相辅相生。

通常，大多数演讲者习惯把论点的提出放在演讲的开场部分，直接将演讲过渡到正题。用一个好的开场给论点染色，然后以论点为辐射源，作发散式演讲。

一个完整的行文结构大多是这样的：开头提出中心论点，主体部分分层次展开说明，结尾总结全篇。这种结构也适用于演讲，因为演讲是将文本用声情并茂的方式传递给受众的，传递介质发生改变，但是模式不变。

这套模式的组成就像一个人体模型，头的部分是中心论点提出，身子的部分是分层次展开说明，脚是全篇总结。所以说，中心论点的提出不宜占据太多的篇幅和时间，否则一不留神就会形成头重脚轻的形态，甚至头大于模型本身。这也是我们说的“提出论点，绝不超过3分钟”。

有些口才好、妙语连珠的演讲者，因为自身的优势和才能，在说话时总会不由自主地去填充句子、填充段子，为了让表达的形态看起来饱满丰盈，他们认为这样的表达会让听众享受。但是实际上在填充的过程中，作为表达方的演讲者知道自己在说什么，可作为接收方的听众，却极其容易迷失在这样的大框架下。来听演讲的人必定是需要被引导的，他们寻求的是豁然开朗和顿悟的快感。如果听众迷失在你的大框架之下，而无法捕捉到有用的信息，他们就会意兴阑珊，这和在非学术演讲中尽量不使用专业术语是一个道理。

也有许多“清流”演讲者，他们推陈出新，往往开口的第一句话就是中心论点，然后层层递进展开演讲。这就让听众从演讲开始的第一分钟，从演讲者开口的第一句话，就知道了这场演讲到底是要讲什么。后续的演讲是为了去听如何论证。这样的演讲模式虽然简单，但屡试不爽。

曾有一段时间弘扬“孟子”文化，大学校园成了素人演讲的开办地。其中有一个演讲者，在演讲开始时，居然直接引用了孟子的原文：“鱼，我所欲也；熊掌，亦我所欲也。二者不可得兼，舍鱼而取熊掌者也。生，亦我所欲也；义，亦我所欲也。二者不可得兼，舍生而取义者也……”后面洋洋洒洒两三百字的原文背诵，因为是开放式素人演讲，听众大多是本校的学生，所以没一会儿这个演讲场地的学生们就另觅他处了。

与之相反的是，有另外一个演讲者，也是引用了孟子的原文，她是这么说的：“孟子曾说，‘生，亦我所欲也；义，亦我所欲也。二者不可得兼。’今天我想跟大家讲讲21世纪的我们，为什么仍应秉‘舍生取义’为生存之本……”令人意外的是，这个场地的学生听众明显比之前那个场地要多得多。这个年轻女孩子引用孟子的“舍生取义”衍生了“舍去自我利益追求大义”的论点，非常新颖。

由此可见，中心论点的提出是十分重要的，尤其在时间和篇幅上，控制好时间，同样也是在缩减篇幅。

口才好的人说话具有“言之有物、言之有序、言之有理、言之有情”等特征，但是这些特征和篇幅长短、文章丰盈没有关系。所以，一个演讲者是否优秀也不应用发言长短来衡量。

3分钟的论点陈述就和30秒的自我介绍一样，过满则亏。刚刚好，人们才会意犹未尽。饭食七分饱，水饮八分热，多一点儿都会让人不舒服。说话也是如此！

法则 17：信息充足，才能言之有物

清代中期文学家及著名思想家方东树说道："言中有物，故闻之足感，味之弥旨，传之愈久而常新。"做文章当如此，说话也应如此。言之有物，才能愈久常新。

当下社会，不缺口才极佳者，但缺乏言之有物的人。我们常常说，国家领导人担心他们的发言冗长复杂，公司开会领导担心他们说大话说空话，人际交往则担心对方口若悬河。由此可见，我们惧怕的不是说话人本身，而是传递出来的东西缺乏营养和内涵。

有营养的发言，才能令人受益匪浅、有所顿悟，华而不实从古至今都不为人们所推崇。

梁实秋先生写的《萝卜汤启示》这篇文章很有意思。抗战初期，梁实秋先生刚到重庆，下榻于上清寺一个朋友家里，主人用了一钵萝卜汤来宴客，但同时说道："这汤不够味，我朋友杨太太做的萝卜汤才是一绝，我们如何学也学不来，你去尝一尝便知道了。"杨太太也是梁实秋先生的熟人，恰好过了段时间杨太太也邀请梁实秋先生去家里做客。席上也放了一钵萝卜汤，盖子一揭开，热气冒了三尺高，梁秋实先生喝了一碗，确

实比之前喝的好喝太多，萝卜软而不烂，排骨酥而不渣，在座宾客都赞不绝口。有一宾客问道：“这汤加多少水？煮多久？是用文火，还是用武火？”杨太太为人淳朴老实，心中也确实不觉得有什么诀窍，只好说：“没什么！没什么！这菜上不得台面，不过是大家抬举罢了。”客人们有一点儿失望，心里琢磨着这菜的秘密还不能透露不成？此时一位心直口快的宾客就说了：“我来说说这个菜的秘诀吧。”这时大家的注意力都集中了过去，他说道：“我看这菜啊，就是多放排骨，少放水，少加萝卜。”大家听了这个话都觉得好笑，不约而同地笑了起来。因为这简直就是一句没有“秘诀”的“秘诀”。后来梁实秋先生回到上清寺朋友家里，问这个“秘诀”值不值得一试，后来朋友决定一试，用了成色好的萝卜，切成均匀的大小，多放排骨少放水，然后慢火久煨。实验的结果就是味道简直太好啦！杨太太的绝活不再是绝活。

读了这篇记录，不单单只是吃个萝卜汤这么简单。其实说话也是如此，都应有“内容”，这跟萝卜汤里少加水少加萝卜多放肉其实是一个道理。美味的真正来源是排骨，萝卜解腻增加清甜，排骨多，汤汁才醇厚。但是往往一些商贩偷工减料，使劲加水少放排骨，喝起来也就味道不够了。

萝卜汤，汤中有物才让人心神所向；学说话，言中有物才愈久常新。

徒有其表之人多半是不受待见的，不管是做学问还是做发言，内虚之人不论他怎么去美化自己，表达出来的东西都是虚妄的。虚妄的东西外表虽美，却不能深究。这也是为什么现在许多人的演讲稿洋洋洒洒几千字，演讲时却无人仔细去听。这就是典型的徒有其表，外实中空。人们愿意花时间去听、去接纳的东西绝对不是编造出来的，也不是靠着一些华丽的辞藻堆砌出来的，人们愿意接纳、认可的是发言者实践、经历及探索后的实际结果，这结果是智慧和阅历的展现。

唐代伟大现实主义诗人杜甫曾写《韦讽录事宅观曹将军画马图》，全诗看似写的是杜甫观看曹将军的画马图有感，实则写的是唐玄宗去世之后，杜甫在异乡偶遇当时显赫一时的将军画家曹将军引起的感慨。从画马写到画家，从假马写到真马，再说到实事，从玄宗的巡幸说到升瑕，一层一层，表达了诗人浓烈的感情。浦起龙在《读杜心解》中是这么说的："身历兴衰，感时抚事，惟其胸中有泪，是以言中有物。"这就是对杜甫文章很中肯的评价，之所以心中感动，是因为他的语言中有内容啊！

同样将言之有物做到极致的还有词坛奇葩纳兰性德，纳兰的词讲究抒情，可以说是将"我手写我心"演绎到了一个高峰，周颐在《蕙风词话》里尊他为"国初第一词人"，王国维称赞他"北宋以来，一人而已"，后人读他的词多称赞纳兰"言中有物，几令人感激涕零"。能够让人看哭的文章，绝对不是陈词滥调也绝不是故弄玄虚的抒情文章，共鸣是需要"内容"的。

信息充足才能言之有物，如同那萝卜汤里的排骨，如同《临江仙·寒柳》中的："疏疏一树五更寒。爱他明月好,憔悴也相关。"如同《韦讽录事宅观曹将军画马图》："将军得名三十载，人间又见真乘黄。"所有的感同身受和共鸣皆来自你所表达出来的内容。内容丰富才足够打动人心，内容中肯才能言之有物。

"金玉其外，败絮其中"这句话想必大家都知道，外表再漂亮，但是内里破败，虚有其表，实际一团糟。想把话说得圆满并不难，想把话说得漂亮也不难，但是想要把话说到人心中去，却很难。学会“言之有物”，必先信息充足。

做文章如此，说话如此，做人亦如此。

法则 18：读懂听众，功夫在“诗外”

陆游的《示子遹》说道：“汝果欲学诗，工夫在诗外。”意思是说：你想要去学诗，就应该去诗以外的世界看看。

说话跟写作一样，目的都是感知和思想的交换。所以说，说话的功夫也在“诗外”，这个“诗外”的功夫就是——读懂你的听众。

把这门功夫练到家，你说的每一句话才能切中要害，才能打动人心。

想要会说话，首先要会听话。

我们都知道，口才好的人不一定是个好的聆听者，但是一个好的聆听者说出来的话必然不会让人心生反感。善于聆听的人，他的起点是尊重，懂得尊重别人的人说出来的话必定不会刻薄尖锐。

正所谓“处处留心皆学问”，一个会“听话”的人，他收获的东西绝对比只会滔滔不绝地去说话的人要多得多。“听话”是一种修炼，炼的是耐性，炼的是品格，炼的是素养，炼的是人生。“听话”炼的是“诗外”的功夫。

观察、聆听你的听众，你会有意想不到的收获。他们的眼神、动作、表情等，都能为你打开话匣子。比如，你的朋友，本来好好的，突然脸色有点奇怪，这个时候你可能会想到“他是不是不舒服了”。比如，你跟朋友聊天本来聊得很好，突然在你说了一个什么话题之后，他微微撇了下嘴，是不是可以判断“他也许不是很认可我的说法”。当你懂得去“阅读”你的听众之后，你就会发现你的人际关系和社交变得容易很多，人们都变得乐意与你沟通和交流。而那些不懂“阅读”听众的人，如果没有观察到这些细微的地方，或许在朋友已经表达了不耐烦之后仍旧滔滔不绝地去阐述自己的观点，大概只会惹得大家都不开心。轻则，发生一点点小争执；重则，可能连朋友都没得做。

有这么一则小故事：

森林大王老虎召集中层干部开会，这些干部都是森林里每种动物的代表。老虎大王面带微笑，语气诚恳地说道：“这次召开动物王国会议，主要是本王觉得管理动物王国这么多年来犯了不少错误，现在痛定思痛，希望大家可以提一些宝贵意见。趁着这个机会，希望各位有话直说，本王一定广纳雅言，尽力改进，让我们的王国更加美好。”大家一听老虎大王的话说得这么客气，都按捺不住了，山羊代表第一个出来说了：“大王，您常常不顾其他动物的生存权，随意置我们于死地，希望您能改掉这个毛病。”接着，老牛代表也说了：“大王，上一次选干部时，您任用的都是一些给您送过礼的人，这个毛病得改，不然身边都是拍马屁而不做实事的人。”眼看大家都发言了，狗熊代表也说了：“大王，您太中央集权了，从来不把其他动物当回事，您这样刚愎自用，大家都对您有意见。”大家一个接一个地发言，老虎静静地听着，脸色越来越不好，却不动声色。此刻狐狸见势，立即说道：“大王，您太忙了，要爱惜身体，您要是累垮了将是我们王国的损失。大王您事必躬亲，其实这些活儿可以交给其他人去做，这样大家就能帮您分担压力……”狐狸察言观色，说了一大堆好话。结果，开完森林会议的第二天，山羊、狗熊、老牛纷纷被罢职，狐狸却成了老虎的执政助理。

这个故事看似是个反面教材，是在说阿谀奉承之人往往能从中得利，实际上说的是那些不懂察言观色、“阅读”领导和他人的人，人生的路势必不会走得顺利。狐狸狡猾，知道老虎并不是个广纳雅言的领导，自然也就不会真心诚意地去谏言。当然，在实际生活中，我们并不提倡大家去溜须拍马、阿谀奉承。

所以说，善于聆听、善于观察的人，才能练就一身功夫，这功夫能让你说出来的话一语中的，打动人心。看似“阅读”的是听众，实则练就的是人生。

阅读听众，更要了解听众。只有知己知彼，才能在交流过程中百战不殆。

王教授是国内非常著名的人类社会学家，应邀为某高校毕业生举办一场讲座。等王教授到达学校后，主办方院校的负责人却问他：

“请问您擅长的领域是什么？”

王教授听了之后心里就非常不舒服，他并没有回答问题，反问道：“贵校竟然不知道我擅长什么，那我很好奇你们请我来做什么？”

负责人被反问得哑口无言，连忙赔礼道歉。

相识但是却不太熟悉的人，在交谈中需要非常注意言语。请别人来家里做客，或者是邀请别人见面，在这些场合下，提前搜集好对方的资料是非常必要的步骤，比如对方的兴趣爱好、对方的饮食习惯等，掌握了这些基本的材料，会给双方的交谈营造良好的氛围。例如了解到对方喜欢吃川菜，就可以这么说：

"我特地请人做的川菜，不知道符不符合您的胃口？"

这样简单自然的一句话，粗看没有什么含金量，但实际上却能够表明你在关心对方，照顾对方的味蕾，表现出了足够的诚意，必然能够赢得别人对你的好感。

法则 19：换位思考，才能戳中要害

汽车大王福特说过这样一句话："假如说服有什么成功秘诀的话，那就是设身处地地为别人着想，了解别人的态度和观点。"

由此可见，换位思考是一种非常重要的能力。人与人在谈话时如果能够做到换位思考，就会发现与以往不同的崭新视角，这能够帮助我们建立良好的人际关系，也会为自己增添人格魅力。

霍金的夫人就是特别会换位思考的善良女人。有一次，霍金夫妇一起去探望她的闺中密友菲利帕夫人。然而到了医院，却被护士告知："对不起，菲利帕夫人不想见任何人，但霍金先生除外。"

霍金夫人听到这个消息感觉十分委屈，因为自己才是她的好友，而她却不想见自己。霍金夫人强忍着冲进病房去质问的冲动，一个人坐在病房门口等待。这一等就是好几个小时，当菲利帕夫人走出病房，看到霍金夫人躺在门口的长凳上睡着了，那一瞬间菲利帕夫人觉得十分愧疚。等到霍金夫人醒来，菲利帕夫人十分真诚地向她道歉：

“实在是抱歉，我为我之前的话向你道歉。”

霍金夫人之前的消极情绪此刻已经全都烟消云散，她微笑着说：

“生病的感觉最难受了，所以不想见别人是最正常不过了。我们来探望你就是希望能带给你快乐，我作为好朋友更应该尊重你的想法才是，说不定这会对你的病情有所帮助，我当然很愿意听从这样的安排。”

菲利帕听后非常感动，说道：“你这么善解人意，真是我的荣幸！”

任何人去探望自己的好朋友，如果遭到冷遇心里肯定都不好受。因为我们总会先入为主地认为自己是在关心朋友，她不应该用这种态度对我。其实这就有一种“道德绑架”的成分在里面，因为对一个人好就要换位思考，这样才算是真正做到了从对方的角度考虑问题，设身处地地为他人考虑。最起码要做到尊重对方的感受，理解对方的想法，即使对方对自己不冷不淡，也要控制好自己的情绪。

说话做到换位思考，才能有的放矢戳中要害，才有可能说服成功。

关羽是老百姓心中“忠义”形象的人物代表，曹操则是狡诈之徒。而在《三国演义》中，张辽却能够做到让关羽归顺曹操，他靠的不仅是能言善辩的口舌功夫，更是因为张辽完全做到了换位思考，从关羽的角度设身处地地为他做打算。当时，曹军大将张辽追击关羽，关羽和刘备、张飞分散了，还要保护刘备的两位夫人，最后被迫进入绝地，被张辽围在一座山上，形成包饺子之态势。曹操本是爱惜人才之人，一直想将关羽收于麾下。但关羽素来忠义，必定不会投降，于是曹操派出了说客张辽。张辽知道关羽抱了必死的决心，不会投降，所以他没有劝关羽，反其道而行之，他历数了关羽死后的三宗罪。张辽说道：

“当初桃园三结义，说好的不求同年同月生，但求同年同月死，而今你若战死，有负于当日之誓言，而且刘皇叔日后东山再起，得不到你的帮助，岂不是你的第一宗罪过？再者，刘备的两位夫人都交托与你，你若执意视死如归，那么两位夫人手无缚鸡之力，将如何自处？此乃第二宗罪。再者，如今战乱，汉室衰微，曹公也没有一定要致你于死地，你武功高强，本就该救民于水火之中，匡扶汉室，如此想不开逞匹夫之勇，岂不是愧对大义？”

一番话说得关羽很是感慨，最终与张辽“约法三章”：“降汉不降曹；一旦知道了兄长刘备的消息就要离开；愿意为曹操立下汗马功劳之后再离开。”曹操虽然心里不大乐意，但最终还是同意了。张辽之所以能够成功说服关羽，最大的原因就在于他做到了换位思考，充分地了解关羽为人忠义的特点，字字句句不离忠义，同时表明投降了曹操并不等于不忠义。张辽站在忠义的角度去劝关羽，结合当时的环境处处为关羽考虑。关羽自然也不是糊涂之人，很快就醒悟过来。

由此可见，换位思考是交谈中一种很重要的方式。因为只有站在对方的角度考虑问题，才能发现新的突破点。什么都从自己的利益出发而丝毫不考虑别人的人，不会在人际关系中获得很好的人缘。相反，适当地为别人考虑，换位思考，理解别人的难处，就会发现很多两全其美的解决办法。做到换位思考，说起来容易做起来难。说出的话收不回来，所以在说话之前就要反复思考，当意识到站在对方的角度考虑问题的时候，你已经做到了换位思考的第一步。而在说话的时候，尽量不要有不良的情绪，因为这样很容易让别人产生误会，会对对方产生影响。要心平气和地和别人说话，比如常说："如果我是你，我会……"这样的话会使对方感受到你的关心，感受到你是真心实意地为他考虑。因此，在说话的时候多关心对方、理解对方，把换位思考当成一种说话前的准备工作。久而久之，不仅能够建立良好的人际关系，也能够让自己的生活少一些争执，何乐而不为？

法则 20：情真意切，对方才能被打动

在社交活动中，沟通的最高境界是将话说到对方心里，使之触动，产生共鸣，如此一来对方会对你说的话产生情感上的碰撞。这也是为什么许多提升自己口才的人会将感情色彩的填充作为第一步，当然也是最重要的一步。能够打动人心的话，才是最有魅力的表达。

华丽的辞藻、表达层次的递进纵然是展现口才的方式，但这些只是基于表面的东西，它们对于人心的触动力可以说是微乎其微。人们对于这些"硬件"的反应没有那么快，辞藻和言语结构被称为"硬件"的原因是它们是生硬固定的甚至是复杂的，而大多数人对于这些复杂的东西不会产情

感上的触动。所以，我们想要把话说到人心底，想要打动别人，辞藻和言语结构并不是那么重要。

那么，想要打动人心，我们应该如何做呢？答案是：情真意切,说人话。

所谓“情真意切”，就是诚恳、真实、不矫揉造作地将自己的感悟、领会、经历、结论传递给对方。如此，对方才有可能因为你说出来的话而产生共鸣，从而感动。这个世间的感同身受基本上可以说是不存在的，每个人的感觉和经历都不一样，即便相同的境遇所引发的心理活动也会不一样，所以想要对方的内心受到触动，我们就应该实实在在、不加修饰地去表达，诚恳地去表达，只有这样对方才能在最大程度上感受到你的内心活动，从而引发所谓的“感同身受”。

很多人在发言时，说到动情之处难免会哽咽，这个时候在座的听众总是会报以热烈的掌声，鼓励说话的人继续说下去。鼓掌的人有多少是实实在在体会到发言者心情的不得而知，但是至少大家此刻的心向是一致的。

绿地集团在成都的某个楼盘开盘，当时的消费者定位就是年轻情侣们，于是他们给出了这样一则广告语：“别让我们的婚礼，在别人的屋檐下举行。”这样的一句广告语高高挂起，开盘时收效甚好，很多年轻的情侣都来认筹。这样简单的一句话，远比从前的一些开发商的广告语要动人得多。

不光广告如此，我们说话也是如此。与人相处，简单实在才最靠谱。我们的言语越简单越真诚，给人的感觉越真实。

林肯曾经帮助一位士兵的遗孀打过官司。这是一位年老体迈的寡妇，他的丈夫在战争中不幸死去。而她应该领取的400美元抚恤金却被蛮横的官员强行拿走200美元。这位遗孀走投无路，只得寻求法律的帮助。林肯知道事情的来龙去脉以后，深受感动，立刻决定起诉那位官员。在法庭上，林肯对官员的这种强取豪夺的行为表现出了极大的愤怒，他是这么说的：

“时间一直向前迈进，在1776年的英雄，已经成为过去了，他们是被安置在另一个世界中了。那位英雄，已经长眠地下，但是他的年老衰颓而且又跛的遗孀，此刻来到我们的面前，请求替她伸冤。在过去，她也是体态轻盈、声音妙曼的美丽的少女，现在她贫无所依了，没有办法，只好来向享受革命先烈所争取到的自由的我们，请求给予同情的帮助和人道的保护。我现在所要问的是，我们是不是应该援助她？”

林肯的话极富感染力，充满着正义和对不幸者深切的悲哀。当林肯说完的时候，听众深受感动，甚至有的都泣不成声了。最后的结果可想而知，林肯成功地帮助那位妇人追回了剩下的抚恤金，而那位强取豪夺的官员也得到了应有的惩罚。

真诚的力量是伟大的，话语里带了真诚，就能够战无不胜，让人们团结一致，众志成城。因为话语里的真诚就好比是打开人内心的一把万能钥匙，在说话的同时，也在发出能够引起人们内心共鸣的声音，这样的话具有非常强烈的感染力。

马丁·路德·金的演讲从来都是极富感染力的。身处于当时黑人受歧视最严重的黑暗时代，马丁·路德·金在公共场合的演讲从来都是发自内心，真诚并且真实，也正因为如此，马丁·路德·金才能够在世界名人榜上占据一席之地。他的著名演讲《美国给黑人一张不兑现的期票》的高潮部分就极具感染力，尤其是对于当时处于黑暗时代的广大黑人来说，更是如此。他的演讲核心部分是这样说的：

“回到密西西比去吧！回到阿拉巴马去吧！回到南卡罗来纳去吧！回到佐治亚去吧！回到路易斯安纳去吧！既然知道这种境况能够而且一定改变，那就回到我们南方城市中的陋巷和贫民窟去吧！我们绝不可以陷入绝望的深渊中。今天，我对大家说，我的朋友们，即使我们面临着今天和明天的各种艰难困苦，我仍然有个梦想，这是深深扎根于美国人梦想中的梦想。我梦想着，有那么一天，我们这个民族将会奋起反抗，并且一直坚持实现它的信条的真谛——‘我们认为所有的人生来平等是不言自明的道理。’

我梦想着，有那么一天，甚至现在仍为不平等的灼热和压迫的高温所炙烤着的密西西比，也能变为自由与和平的绿洲。

我梦想着，有那么一天，我四个孩子，能够生活在不以他们的肤色，而是以他们的品行来判断他们的价值的国度。

我梦想着，有那么一天，就在邪恶的种族主义者仍然对黑人活动干涉的阿拉巴马州，就在其统治者抱不取消种族歧视政策的阿拉巴马州，黑人儿童将能够与白人儿童如兄弟姐妹般一起携起手来。

我梦想着，有那么一天，沟壑填满，山陵削平，崎岖地带铲为平川，坎坷地段夷为平地，上帝的灵光大放光彩，芸芸众生共睹光华！

这就是我们的希望！这就是我们返回南方时所怀的信念！怀着这个信念，我们能够把绝望的群山凿成希望的磐石。怀着这个信念，我们能够一同工作，一同祈祷，一同奋斗，一同入狱，一同为争取自由而斗争。坚信吧，总有一天我们会自由……”

马丁·路德·金的演讲充满了对因为不同肤色而得到不公平待遇的社会现实的控诉和对自由的渴望。他的话说出了很多黑人的心声。马丁·路德·金是众多黑人的代表，他自己也是深受其害，他的话完完全全发自内心，他的呐喊，喊出了很多人的心声，收到了很好的效果。

列兰·史多是支持联合国儿童救援行动最有利的倡导者，他在演讲中就曾经这样有感情地叙述了自己的亲眼所见：

“我但愿自己再也不会目睹此情此景。一个孩子和死亡之间只差一颗花生，还有比这更悲惨的事情吗？我希望各位永远不会看到这一幕，也不必在事后永远活在这种悲惨的记忆里。如果本月里某一天，在雅典被炸后的一片废墟的工人区里，你曾听到他们的声音，见到他们的眼睛……可是，我所能留下的一切，只是半磅重的花生而已。当我费力地打开它时，成群衣不裹体的孩子把我团团围住，疯狂地伸出他们的小手。更有许多的母亲，怀抱婴儿你争我抢……他们都把婴儿举向我，皮包骨头的小手抽搐地伸向我。我尽力使每颗花生都发挥最大的作用。在他们疯狂的拥挤下，我几乎被他们撞倒。眼前只见几百只手，渴望的手，挥动的手，无望的手，全是瘦小可怜的手，这里分一颗花生，那里分一颗花生。在这里一颗，那里一颗。数百只手伸着，乞求着；数百只眼睛闪出希望的光芒。我无助地站在那里，手中只剩下蓝色的空罐子……哎呀，我希望这种悲剧永远不会发生在你的身上。”

听完这段话，听众的内心受到了极大的震撼，非洲儿童生活的悲惨遭遇通过列兰·史多动情的叙述，在听众的脑海中形成了一副副惨绝人寰的

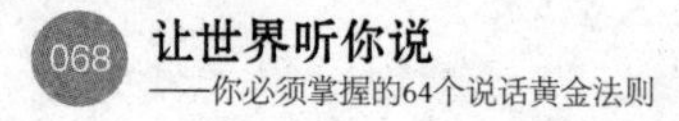

画面，这样的叙述怎能不让人感动而给予力所能及的帮助呢？

英国首相丘吉尔是位善于演讲的政治家。第二次世界大战时，他希望美国人能和英国人站在一起对德作战，可是当时很多美国人对英国人不抱好感，不想卷入战争。

这年圣诞节，他前往美国发表了著名的演讲。

“我远离祖国，远离我的家庭，在这里欢度这一年一度的佳节。但确切地说，我并不觉得寂寞和孤独。或者是因为我母亲的血缘关系，或许是因为在过去许多年的充满活力的生活中，我在这里得到的友谊，或许是因为我们伟大的人民在共同事业中所表现出来的那种压倒一切其他友谊的情感，在美国的中心和最高权力的所在地，我根本不觉得自己是个外来者。我们讲着同样的语言，有着同样的宗教信仰，还在很大程度上，追求着同样的理想。我所能感到的是一种和谐的兄弟般亲密无间的气氛。“此时此刻，在一片战争的混乱中，今晚，在所有的郊外别墅里，在每一颗宽容无私的心灵中，我们得到了灵魂的平安。因此，我们至少可以在今天晚上把那些困扰我们的各种担心和危险搁置一边，并在这个充满风暴的世界里，为我们的孩子准备一个幸福的夜晚。那么，此时此刻，在今天这个夜晚，讲英语的世界中的每个家庭都应该是一个阳光普照、幸福与和平的小岛……

这样情真意切的开场白一下子就抓住了所有听众的心。丘吉尔用自己富有感情的语言瓦解了美国人的对立情绪，进而说服他们援助英国，积极参战。

不仅是演讲这种需要赢得支持和赞同的场合要求说话具有感染力，

在人际交往中，也需要说出的话带有感染力。能得到别人的支持，能够感动别人，最重要的就是说话真诚，内心充满激情，这样才能把话说到别人的心坎上。

情真意切地说话，才能打动人心，而这世间最复杂的不过人心，如果人心都能被你打动，又有什么是你做不到的呢？

法则 21：逆向思维，扫除冷场障碍

什么是逆向思维？逆向思维也叫求异思维，它是对司空见惯的似乎已成定论的事物或观点反过来思考的一种思维方式。司马光砸缸救人就是一种逆向思维，我们一般人想的办法是把小孩从缸里抱出来，或者找工具放掉缸里的水，而司马光则是用石头砸破了缸救人。法拉第提出了电磁感应定律，也是运用了逆向思维。

为了解释逆向思维，先看看这个例子：

有个老人退休后在一个小区租了一间房子住下来。刚开始几周，小区很安静，可一个月后有两个年轻人在附近踢垃圾桶闹着玩。

这些噪音让老人休息不好，他走到垃圾桶旁边，跟年轻人谈判。

“你们这个玩法可真新奇。我跟你们商量一件事，如果你们每天都来踢垃圾桶，我每天付给你们每人一元钱。”

两个年轻人很高兴，便卖力地踢了起来。不料第二天，老人愁眉苦脸地说："通货膨胀减少了我的收入，从明天起，只能给你们每人五毛钱了。"

年轻人显得不大高兴，但还是接受了老人的条件。又过了三天，老人又对他们说："刚刚交了房租，对不起，现在每天只能给你们每人两毛钱了。"

"两毛钱?"年轻人气呼呼地说，"我们才不会为了区区两毛钱在这里卖力表演呢，不干了!"

于是，老人又过上了安静的日子。

在日常的交流中，人们都习惯用"单向思维"说话。先说什么，后说什么，说话的语句顺序基本上都是固定的。平常的简单交流用这样的方式没有问题，但在很多稍加正式的场合，这样的说话方式其实很容易造成冷场。而逆向思维就是一种非常好的避免冷场的方式，因为逆向思维不同于单向思维，它总是出其不意，让人感觉到新鲜、与众不同。逆向思维简单来说就是一种"不走寻常路"的思维，在现实生活中，逆向思维的运用非常广泛。

逆向思维其实就是反过来思考。

有一个老人，他有两个儿子。大儿子以开染坊为业，小儿子以做雨伞生活。老人天天愁眉苦脸的，邻居问他，老人回答说：

"今天下雨了，我家大儿子染的布没办法晒了，过几天再不天晴，就会烂了，这可怎么办？如果天晴了，小儿子做的雨伞又卖不出，这可真是愁死我了！"

邻居听了哈哈大笑，开解他：

“你可以反过来想啊。雨天的话，小儿子的伞卖得好；晴天的话，大儿子染的布就能拿出去晒。无论晴天还是雨天，你的儿子总是生意红火。”

老人听了之后恍然大悟，再也不愁眉苦脸了。

这就是逆向思维，生活中很多事情运用逆向思维去看，就会发现很多意想不到的结果。

逆向思维也是一种求异思维，就是对大家约定成俗的定论或者已经司空见惯的事物，从相反的观点来看，反过来思考，“反其道而行之”，就能够做到创新，凡是新的事物总是能够勾起人们的好奇心。说话同样也是如此，在说话中运用逆向思维，会收到意想不到的效果。

人们在开口说话的时候，基本都有固定的话语顺序，先说什么，后说什么，都有内在的逻辑性。而在与人交谈的时候最忌冷场，这会让气氛变得尴尬。要想轻松地扫除冷场障碍，最好的办法就是用逆向思维去思考，不要总是沿着时间的开端发展往下推论，有时候要从结论开始推导，这样不仅简单有效，而且能够很好地把握话语权，也给对方留下了互动的空间。

法则 22：客观论点，更容易让人接受

关于主观性和客观性的讨论，直至今日依然是有热度的讨论话题。客观性即在意识之外，不依赖精神而存在，不以人的意志而转移，主观性则与之相反。客观与主观相辅相成，影响着我们日常生活中的判断、社交、学习、反思等一切行为，过于客观的人会丧失生活的情调，过于主观的人又容易情绪化。所以，在什么时候客观、什么时候主观，这种合理的切换变得十分重要。日常生活中，客观地提出论点，才更容易被对方接受。

情绪化是当今社会大多数人都存在的人格缺陷，这是过于主观导致的。太过主观的人被内心的意志所驱动，过分依赖自我精神走向。譬如，很多时候别人随口说的一句话，在理性客观的人身上起不到什么刺激，但是在十分情绪化的人身上就会形成“爆炸式”伤害，从而引发人与人之间的不愉快。因一句玩笑话而大打出手的情况屡见不鲜。过于主观和主观是两个概念，主观性是我们每个人身上都有的，适当存在有利于建立独立的人格、独立心理、个人见解等，其表现就是有主见，做事不随波逐流。但过分主观，就会导致执拗、顽固甚至偏见等现象，因为主观压倒了客观，这类型的人往往在社交活动中并不讨喜。

想要做一个讨喜的人，要学会客观地提出论点，只有这样才能让大家觉得公平合理容易接受。如何做到说话客观呢？我们应当注意从综合角度看待问题，尊重已经存在的过程和结果，不要太以自我为中心，多站在别人的立场上考虑问题，然后合理发言。

客观即尊重事实，客观即尊重他人。客观说话已经是社交互动中不可缺失的一部分。

小陈和莉莉陪经理去买衣服，经理试穿了红色和紫色的衣服，同一个款式，仅仅颜色不同。经理觉得紫色穿起来很漂亮，但是又在红色上纠结，于是咨询小陈红色和紫色哪个更好看。

小陈当即说道："当然是紫色好看，红色穿起来就像个红色的灯笼，俗气死了。"一时间气氛有些尴尬，有个正在试穿红色衣服的客人旋即脱下了衣服离开了店，一旁的售货小姐也气不过白了小陈一眼。莉莉感受到气氛不妙，立马说道："我觉得也是紫色好看，紫色柔美，衬得经理的皮肤更加白皙。红色穿上喜庆，节日里穿再适合不过了，红色与紫色相比较虽然不差，但紫色穿在经理身上更美丽。"

莉莉的一番话立马让经理拍板定了紫色，一旁的售货小姐也称赞道："这位小姐说得对极了，紫色显得您的皮肤更加白皙……"

这个例子里小陈就是主观性发言，而莉莉则是客观性发言。"红色穿上像灯笼"这个描述并不妥当，红色不仅仅使人联想到灯笼，说不定会联想到辣椒甚至别的什么东西，这样的话说出来不光惹得经理不高兴，会让经理有"我穿红色像灯笼，你把我当什么"这样的想法，同时也让店里面正在试穿红色衣服的客人很难堪，也让店里的服务员很难做。莉莉的发言就很客观，既没有打压紫色衣服也没有打压红色衣服，客观地说明了两种颜色穿在经理身上的效果，然后做了个比较，最后说明哪种颜色更好看，这一通发言都是基于经理试穿两件衣服的真实效果之上，没有添加额外的想象色彩，经理又有什么理由不接纳呢？

由此可见，客观性的发言更加容易让人接受。因为它基于既定事实之上，又不过分渲染个人主义色彩，理性、合理、中肯。我相信没有谁会去反驳事实，也没有谁会不愿意接受一个中肯的建议。

如果希望你的意见被对方接纳，如果希望你的发言被对方认可，“客观”将是你的不二法宝！

有时候，为了说服对方，需要拿出客观数据，铁一般的事实，胜过雄辩。

1990年，山东大学举办过一场辩论演讲，辩题是“进口汽车给中国经济带来的影响”。

正方的观点是：进口汽车利大于弊。

反方对观点是：进口汽车弊大于利。

双方辩手陈述完观点以后，正方的代表总结道：

“进口汽车虽然用去了一些经费，但也刺激和带动了本国汽车工业的发展，总体来看，还是利大于弊，得大于失。”

反方辩手听完以后，用事实回击了正方的观点：

“怎么能说‘用去了一些经费’呢？‘一些’究竟是多少？请看这笔巨大的经费事实：据报载，1981年至1986年5年里，全国进口汽车的费用达52亿美元。这笔钱用于国防建设，可以建成一个航空母舰舰队；用于科研，能上投资百万人民币的大型科研项目两万多个；用于提高工资，全国职工可提高28.6%。这些数字足以表明进口汽车热所带来的严重的弊病。”

在具体数据面前，正方辩手败下阵来。有道是，事实胜于雄辩。只要掌握正确、具体的事实数据，就会成为说服对手的一把利剑。

法则 23：不要让“对方的身份”影响说话内容

一个人在交谈中如果因为对方的社会地位或者其他原因而影响自己的表达，会使双方的交谈变得没有意义。

萧伯纳是英国著名的作家。有一次他去莫斯科旅游，在街边遇到一个漂亮的小姑娘。小姑娘十分可爱，一个人站在街角。萧伯纳走过去和小姑娘聊了很久，从自己的家乡聊到这次来莫斯科。等小姑娘打算回家的时候，临近分别，萧伯纳十分自豪地说：

“回家的时候记得告诉你妈妈，你今天和名人萧伯纳聊了很久。”

小姑娘并不认识萧伯纳，她有模有样地学着萧伯纳的口吻回道：

“回家的时候记得告诉你妈妈，你今天和一个可爱的苏联小姑娘聊了很久。”

萧伯纳顿时觉得羞愧万分，同时深深被小姑娘的机智所折服。

从这个故事，我们也可以领悟到，一个人无论取得多么大的成就，拥有多么高的学识，在和别人谈话的时候，也应该平等地对待每一个谈话对象，即使对方只是一个小孩子。

然而从古至今经常是官小的怕官大的，地位低的怕地位高的。古时候有个小县城，当地因为连续三年干旱导致粮食颗粒无收。县城的盗贼在全国各地流窜，最终惊动了京城。皇上派出钦差大臣前往县城调查实情。当钦差大臣到县衙的时候，县官大人诚惶诚恐，接待了钦差大臣，却在心里打起了小九九。如果让钦差大臣知道实情，那么自己头上的乌纱帽很有可能就保不住了，但盗贼已流窜到全国，只能避重就轻了。

“天灾人祸，为何不向朝廷上报？”钦差大臣问道。

“大人，实在是天气干旱才导致现在百姓作恶。”县官点头哈腰地回答着，一边看钦差大臣的眼色，一边压制着底下想要告状的穷苦百姓。直到钦差大臣返回京城，县官才松了一口气。但是好景不长，这位县官很快就被革职查办。其实，如果在钦差大臣来的时候这位县官就如实禀告，也不会落得一个隐瞒实情全家发配边疆的下场。

为保全自己而不敢如实回答的人比比皆是，毕竟对方比自己的社会地位高，权力也比自己大，对方一个不高兴就会牵连到自己，这种心态其实可以理解。但这终归不是长久之计，要想真的通过谈话促进双方关系把工作做好，还是得诚实才行。

王浩刚进一家文化企业工作，因为学的就是人际关系学，所以他在公司里总是对领导毕恭毕敬，从来不说“不”字。有时候即使经理分配的文案设计他明明没办法做到，但他也从来不会和经理说“不”，而总是说：

“好的，我保证完成任务。”

因此经理分配给他的任务越来越困难。王浩虽然吃不消，但还是在硬撑着，后来一位同事实在是看不下去了，就悄悄问他：

“王浩，你觉得你在工作上有什么地方能让经理挑出毛病吗？”

“应该没有吧。”王浩吃了一惊。王浩从小就是班上的尖子生，什么事情都是自己做的，事无巨细不会出现纰漏。进入社会工作以后王浩同样如此，自己的办公桌总是整理得干干净净，工作一丝不苟，难以完成的工作自己私底下都会去请教熟知的专业人士。

“这就是你最大的问题。”同事说道。

“不会吧？”王浩有点摸不着头脑。

“你想啊，你每次和他谈话，都是说好，而且你的工作也的确做得让人挑不出毛病。要知道，经理可是咱们公司文案策划的一把手。”同事小声地说着。

王浩恍然大悟，明白了问题的症结所在。原来自己习惯性地认为自己是下属，面对自己的上级，无论多么艰难的任务都要全力以赴。其实这样的谈话并不能够很好地沟通，但自己总是碍于经理是自己上级这个身份，即使有困难也不说出口。听完同事的建议之后，王浩改变了策略，当经理再次把策划任务交给王浩时，王浩看了一会儿，踟蹰着开口：

“经理，这份策划我有些地方不太懂。”

“什么地方？”经理明显觉得惊讶，但更多的是惊喜。

随后经理十分详细地告诉了他文案策划的细节等，王浩觉得获益匪浅，与经理的关系也越来越好，很快王浩在公司就得到了提升。

生活中，我们经常会因为对方的学识、社会地位和身份而改变自己的说话方式甚至说话内容，其实这根本就没有必要。上级与下级、长辈与晚辈都是不同的社会关系，在做到起码的礼貌称呼之后，谈话时，尤其是在工作时，不要碍于对方的身份而影响自己想说的话，不要因为对方的社会地位而转变自己的思维方式。总把自己放在很低的位置，总是对上级唯唯诺诺、点头哈腰，谈话的时候就会丝毫触碰不到问题的实质，谈话就会变成毫无意义的寒暄和客套。生活中，比自己地位高的人、比自己有权的人有太多太多，身份的差异和地位的悬殊才构成了复杂的社会，如果因为对方的身份而影响了说话的内容，而且自己还想当然地认为这样做是正确的，那么只会得不偿失。

法则 24：1 分钟说 300 字，听起来最舒服

在日常生活中，我们经常会遇到说起话来口若悬河之人。这样的人说话的语速往往非常快，听者必须全神贯注，否则稍不留神就可能不知所云。一般人往往会有一种错觉，觉得能够在大庭广众之下讲话滔滔不绝之人一定是学富五车，满腹经纶，所以才能够说得那么流利、那么快。说话语速快的人从表面上看的确不存在胆怯、结巴的问题，但实际上语速过快也是一种毛病，因为语速太快，会给听众造成理解上的困难。同时，这从某一个侧面也暴露出说话者的不自信。因为说话快，听者往往来不及反应

话就已经说完了，这样听众也就很难从他的话语中挑出毛病来。

李泽是一家商贸公司新进的员工，主要负责市场调查这一块，从这几个月的表现来看，总经理觉得他身上充满了年轻人的活力，做事也特别认真，十分有前途。然而，李泽唯一的毛病就是说话语速过快，尤其是在汇报工作的时候，简直就像打机关枪，噼里啪啦就说完了。这一次，又是李泽进来汇报工作进展，李泽一开口，总经理就头疼了。

“经理这次为期一个月的市场调查非常有成效，我们的产品在试用的客户群体中的口碑也非常好……”

总经理还没反应过来，李泽已经说完了，没有任何停顿。总经理摇着头说道：

“你能稍微说慢一点儿吗？”

李泽有些不好意思，又很快地重复了一遍刚才说的话。或许是因为紧张，李泽的语速反而更快了。总经理皱了皱眉头，没再说什么。之后的一段时间，总经理又陆陆续续提到过李泽语速过快的问题，希望他能够尽快纠正过来。但李泽总是做不好，虽然试图过放慢，结果却是往往说了前半句，忘了后半句，要么就是说话吞吞吐吐，含糊不清。用李泽自己的话说：这并不是什么大问题，因为自己从小的语速就是这样的，也没有人说过什么。最后，总经理也实在是没有办法，不得不将他解雇了。

语速太快，自己觉得可能没有问题，其实不然。因为语速过快的人，别人为了理解，也会不自觉地加快思考的速度，以跟上说话人的节奏。但这样，很容易让人感到疲惫不堪，从而使谈话不能收到令人满意的成效。

李泽的问题就在于长期形成的语速过快的毛病。但无论语速过快是如何形成的，总有办法纠正过来。生活中语速过快的人并不只有李泽一个，其实大部分人语速过快有很大一部分原因就是不够自信。还有的人是脑子里闪过什么，很快就一股脑儿说出来了，一会儿一个想法，根本就没有经过深思熟虑。有了思考的时间，说话时的语速自然就会放慢。

俗话说："人贵语迟。"真正的语言大家在说话的时候，总是善于控制自己的语速，不会太快，因为要考虑到听众的理解能力和接受程度。即使一个人在语速过快的时候没有吐字不清的毛病，即使一个人说话快速而又准确、字正腔圆，但总是语速过快的话也很容易给听众造成理解上的困难。因为声音以空气作为传播媒介，大脑处理信息也需要一定的时间，将自己的语速放缓，不仅可以让听众理解，也能给听众留下思考的时间。

科学研究表明，1分钟说300个字的语速让人最舒服。这样的语速不快不慢，恰到好处。太快的语速会让人精神紧绷，全神贯注地竖起耳朵听，很容易使人感到疲惫，听不懂说话的内容；而语速过慢，则会让人觉得像在等着替别人说出下一句话，连呼吸都会被打乱。说话的本质就是思维的表达，表达清楚自己的思维就需要控制好语速。说话不是表演口技，而是要表达自己的思想，语速得当，吐字清晰，才会让人觉得像是在享受一场听觉的盛宴，才能让人如沐春风，从中深受启发。

说话语速过快的人要想纠正自己的语速其实非常简单。可以先做一个简单的测试，在自己说话语速很快的时候进行录音，以一分钟为时限，然后记录下来，看自己一分钟说了多少个字，超出了正常语速多少。计算出来以后，再进行专门的训练。用比较慢的语速练习说话，可以拿着课本或者演讲稿，一字一句慢慢地说。在平常与他人交谈的时候，也尽量提醒自己放慢语速，尽量让自己的思维运转，这样说话的时候速度自然而然就会慢下来。在练习的时候发音要清楚，一个音节要说完整，也不要太过刻意，一个音节接着一个音节，反复练习，很快就能够纠正自己的语速。这样不仅能够让自己说出的话很轻松就能够让人明白，而且也会让人产生与你交谈很愉快的感觉。

法则25：说得有趣味，比说得有道理更吸引人

在许多社会调查问卷甚至简历当中，有一种性格的出现率非常之高，这种性格出现在征婚表单对另一半的要求上，出现在求职信的自我介绍中，出现在“最受欢迎性格”的社会调查单里，它是什么呢？是谈吐有趣。

社交活动中，谈吐有趣的人往往会成为耀眼的明星；伴侣中有一个谈吐有趣的另一半，两个人的感情才会愈久弥新；办公室里有谈吐有趣的人，办公气氛才不会冷冰冰；社会群体中大多数人如果谈吐有趣，才会更加和谐。

由此可见，谈吐有趣的人更容易被人接受。事实证明，这比讲道理要有用得多。

有一场题为“如何用联系的观点看问题”的演讲。当时，演讲者提到了“蝴蝶效应”。“蝴蝶效应”是什么意思呢？“蝴蝶效应”这个词汇最初由美国气象学家洛伦兹在1963年发表的一篇名叫《决定论的非周期气

流》论文中提出。为了让人理解“蝴蝶效应”，洛伦兹这样解释道：一只蝴蝶在巴西煽动翅膀，有可能会在美国的得克萨斯州引起一场龙卷风。

为了让听众明白“蝴蝶效应”，演讲者饶有趣味地解释道：“看似无关的两件事情，却隐藏着极其大的相关性。我为什么这么说？就拿我们公司的OA（办公自动化）系统来说吧，从表面上看只是为我们员工的日常办公提供了电子交流的平台，而实际的意义却不仅如此。你们想想，在没有OA系统之前我们的公文工单都是怎么走流程的？是不是都是一张张A4纸打出来，一层层批下来的？之前我们单位的通知都是统一打印的，现在都是发OA邮件。根据初步的测算，由于不打印公文工单，我们单位每年能节省7000万张纸，几年下来呢？这么多张纸要砍多少树？这么多树砍了意味着什么？意味着朱鹮啊、华南虎啊这些保护动物没有了家园……所以，如果在一开始我就说，OA系统的建立跟保护国家珍稀动物有直接关系，在座的各位会认同吗？”在座的听众都笑了起来。

那个演讲者讲了一个有趣的小例子，一下子给大家讲清楚了“蝴蝶效应”的原理，也说清了为什么我们要用联系的观点看问题，引出演讲的中心。我想，如果这个演讲者通篇讲道理，引用洛伦兹的发言、研究报告、社会学界说明等，在座的人怕是没有几个能听完这场演讲。就我观察来看，当时在我视线范围内的所有人，基本上都是咧着嘴听完了这场演讲，其间不乏不约而同的热烈掌声，甚至有几个人在座位上笑得直不起腰来。

有趣是多么难能可贵啊！做一个有趣的人是多么难能可贵啊！

艾瑞克是黑人，常常受到班里同学的欺负，他变得越来越不自信。艾瑞克的老师知道了这件事情之后，便跟艾瑞克说：“你要有信心，肤色是与生俱来的，它并不能影响什么。”年轻的艾瑞克点点头，好像懂了又好像没懂。艾瑞克的妈妈渐渐发现了他的不对劲，艾瑞克变得非常不自信，甚至不太愿意在休息的时候出去玩。

艾瑞克的妈妈从老师那儿了解到了情况后，在一天晚餐时说道：“艾瑞克，妈妈今天在外面看到一件非常有趣的事，你要听听吗？”艾瑞克点点头，他妈妈说道：“今天我去买菜的时候在地铁站口看到一个老头子卖氢气球，那一把气球五彩缤纷十分好看，大多数气球都被人买走写下愿望给放飞了，只剩下一个透明的气球没有人买。大家都觉得这个气球不好看，所以不愿意买。”

艾瑞克低着的头抬了起来，看着妈妈，说道：“后来呢？”他妈妈说道：“后来这个老头子看没有人买，就把这个气球送给了一个小男孩儿，小男孩儿非常高兴，写下了愿望，然后放飞了气球，飞得很高很高。”

妈妈又说道：“艾瑞克，氢气球之所以能飞上天空，不是因为它们的颜色有多好看，而是因为氢气，和外貌无关。”艾瑞克忽然就湿了眼眶。

后来艾瑞克又变回了从前那个开朗活泼的小男孩儿，因为他知道肤色的差异不会影响人们是否成功，他只有变得更自信，才能成功。

由此可见，说得有道理不一定就能让人接受，相反，有趣味的表达，才能意味深远。

Chapter 4 破冰利器，用热情让他“侧耳”

法则 26：主动打招呼，没有人会拒绝

人际交往中，每一个新认识的朋友都是从打招呼开始的。主动和别人打招呼，是一种锻炼人际交往的方式。主动打招呼不等同于“搭讪”，很多人都会认为和不认识的人打招呼，会显得目的性太过明显，会让别人以为自己是无聊在搭讪，带着某种目的。其实不然，主动打招呼，是一种友好的对人态度，也是表现自己积极乐观自信的一种生活方式。

主动友好地和别人打招呼，一般是不会有人拒绝的，除非你打招呼的方式不对。首先，无论在什么场合，都需要对别人礼待有加，面带微笑，这样的话，很容易就能获得对方的好感。而且，在第一次见面打招呼，更要做到礼貌有加，不该问的别问，最好是聊些和当时的环境相关切合的话题。

在一次听完某著名专家的讲座以后，一位听众深受启发，很想认识这位专家，等到讲座结束以后，这位听众一直在等着专家离场。当专家走过他身边的时候，这位听众鼓起勇气主动打招呼：

“王教授，您好！刚才听了您的讲座，我非常受启发……”

“谢谢。”王教授面带微笑地说。

“说实话，我的企业就遇到了您刚才讲的案例中的‘瓶颈’，还想向您请教一些问题呢。”这位听众又说道。

“这……”王教授面露难色，因为时间有些来不及了。没一会儿，王教授就从自己的口袋里递给了这位听众一张名片，说道：

“抱歉，我今天时间比较赶，这是我的名片，等改日我们再约，您看这样行吗？“王教授说道。

“当然可以了，您慢走。”听众双手接过名片，十分感激地说道。

这就是一次很好的打招呼。尽管对方是名人，但也不会拒绝一个主动打招呼的人，而且还是自己的听众。其实和别人主动打招呼是一件非常简单的事情，只要做到礼貌和尊重，表示自己友善的态度，没有人会拒绝。毕业于同一所学校的校友，来自同一个省份的老乡，会说相似方言的人……，虽然以前不认识，但是都可以通过有着相似的经历这个话题开始打招呼，这样会增加亲切感。而即使是没有任何相似性或者相同经历的陌生人，打招呼同样也很简单。比如到一个陌生的城市，不认识路，就可以这样说：

“您好，请问×××路怎么走？”

如果担心自己判断对方的年龄出错的话，最好是以“您好”作为打招呼的开头，说话的时候一定要表示自己友善的态度。这是生活中最常见的打招呼的方式，在其他的场合同样也是如此，一定要用尊称。打招呼的时候，举止一定要大方、自然，态度要诚恳，在进一步聊天的时候一定要善于找到相似的话题，但不要第一次打招呼就问别人的隐私，尤其是对女性，不要问对方的年龄，是否结婚。对于女性，可以夸赞对方的衣品，搭配非常好，穿着时尚，等等，态度一定要真诚。对于男性，最好不要打听对方的薪水、工作等，这些行为是极其不礼貌的。无论是男性还是女性，在第一次打招呼的时候，都不要打听对方的家庭情况。

主动和别人打招呼，只需要自己费点口舌。但是获益的不仅仅是可以交到新的朋友，而且还可以给自己增添人格魅力。在打招呼的时候，一定要面带微笑，微笑就是表示友好，有利于良好的人际关系的建立。主动和别人打招呼，不要什么都讲，但是可以通过自己的观察，给对方一些善意的提醒，寻找那些比较大众化的话题。而在交谈的初期，也要控制好自己说话的时间，努力让对方说，自己做一个聆听者；在适当的时候给对方以回应，让对方知道你在认真听。交谈，是人们最基本的交流方式。我们每天都会遇到不同的人，主动跟别人打招呼，会帮助我们赢得新的朋友。

小雯是一个非常内向的女孩子，从来都不敢和别人主动打招呼。因为这个性格，工作也做不好。她不敢和新的同事打招呼，不懂的地方都是自己埋头苦干，但是又做不好。每次有新的客户来公司，小雯都是尴尬地站着，什么话也不说。因为这个事，小雯总被领导批评。终于，小雯在业余的时间报了一个口才培训班，经过几个月的训练，小雯的表现让公司所有的人都刮目相看。现在小雯见到客户都会主动打招呼：

“您好！请问有什么可以帮到您的？”

“您好！请慢走。”

这些话从小雯的口中说出来，总让人有一种如沐春风的感觉。小雯的社交圈子也越来越广，工作能力也变强了，关键是整个人和以前完全不一样，现在的小雯充满自信，身上散发出一种青春和活力。同事们都向小雯讨教绝招，小雯说：

“我以前不敢和别人打招呼是因为觉得跟不认识的人贸然打招呼不

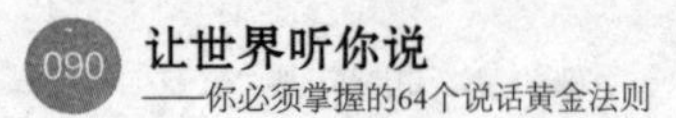

好，要是被拒绝了自己多尴尬。现在我不这么认为了，只要自己足够友善，和人主动打招呼，没有人会拒绝。”

每个人都有想和别人交流沟通的愿望，但是又害怕对方会拒绝自己。其实，只要自己善于观察，举止得当，主动和别人打招呼，没有人会拒绝，只要敞开心扉面带微笑和别人礼貌地打招呼，就很可能交到一个新的朋友。

法则 27：热情会感染，别怕“用热脸贴冷屁股”

热情是一把火，温暖他人；

热情是一股甘甜的泉水，沁人心脾；

热情是一串美妙的音符，能弹奏出优美的乐章。

在说话的时候适当地表现出自己的热情，会收到很好的效果。热情是最具感染力的一种情感。

尤其在销售这个行业，在成功推销出产品的例子中，热情的因素占了90%以上，而产品的介绍、性能等却只占了10%不到。一个优秀的推销员，必须充满热情。只要充满了热情，即使再难推销的产品，也能轻易地推销成功。

爱德华是一名血压测量仪的推销员。有一天，一位年轻的顾客来到店里，这位年轻人逛了一圈之后，并没有找到自己满意的产品，正打算离开时，爱德华充满微笑地走过去说道：

“先生，您没看到合适的产品吗？我可以帮您找到最满意的产品。这里的每一个产品都是我精心挑选过才进货的。”

年轻人狐疑地看着他，但并没有拒绝。爱德华带着年轻人来到一处产品体验的地方，拿出完好包装的电子血压测量仪，拆开，轻轻地放在年轻人的手腕上，显示屏里立刻就显示出了血压数据。爱德华把手中的血压测量仪交到年轻人手中，微笑着示意他可以自己试试。对于年轻人的疑问以及担心会出现的产品问题，爱德华都十分热情地为他解答，并没有表现出一丝一毫的不耐烦。最后，年轻人决定买下这款电子血压测量仪。等到年轻人付款后，爱德华打算重新拿一部包装完好的，谁知年轻人却说：

“不用了，就这个吧，我用着挺好的。”

直到爱德华送年轻人到门口时，年轻人才说道：

“其实我父亲的血压测量仪还在用，我现在没有必要重新买一个。但你的热情感染了我。”

爱德华微笑着和年轻人说再见。在这之后，年轻人又推荐了家里认识的老人来这家店里买血压测量仪，在自己的社交网络平台上免费为爱德华做广告，介绍了许多客户，这一点让爱德华非常感动。

由此可见，有热情的人总是会全身心地投入到工作中去，对客户讲话充满热情，才能在销售上取得成功。无论是怎样的顾客，都不希望一个脸色阴沉、没有任何笑容的人向自己推销产品。相反，充满热情的人在销售过程中，对待客户面含微笑，充满热情，十分细心体贴，很容易就能够取得顾客的好感和信任，营造出非常好的交谈环境。对顾客的不解或者疑问，要十分热情地去解答，用简短明了的话让顾客听懂，而不是絮絮叨叨地说一堆专业术语，销售的时候面带微笑，即使顾客不打算买，也不能对顾客冷言冷语，甚至出言讽刺。面带微笑的工作人员，总是能让人乐意买他的产品。然而，很多时候无论自己多么热情，总会遇到热脸贴冷屁股的事，一旦遇到，很多人对人对事就失去了热情。其实，这也能够理解。因为人与人有不同的个性特征，每个人都有自己对人对事的不同看法。当一个素不相识的人对自己表现出无限的热情，和自己谈话充满了兴趣，无论是谁，第一反应表现出来的都是防备心理，都会充满了疑问，都会在心底思考动机，这种心理几乎每个人都会有。因为每个人都有自己的安全距离，当一个陌生人突破了这个既定的距离，每个人的第一反应都会是保护自己。所以，当初次和一个人见面的时候，要想表现出自己的热情，就一定要面带微笑，话最好不要太多，即使是“热脸贴冷屁股”，也不要垂头丧气，因为热情最终会感染对方的。

赵显是上海一家外贸公司的销售经理，他待人十分热情而且大方，在同事的眼中是个非常热情、乐于助人的人。而公司最近请了一个英国人杰克，是公司的对外贸易的顾问。杰克总是独来独往，公司里的同事和他打招呼，也总是一副爱搭不理的的样子。在同事看来，杰克是个非常傲慢的人。有一天，在下班的路上，赵显非常热情地和杰克打招呼：

“你好，杰克！”

但杰克甚至都没看他一眼，就直接走过去了。赵显并没有放弃，每次只要是遇到杰克，还是会非常热情地和他打招呼，有时候说天气，有时候问他一些公司的事情，杰克大多时候还是不理人。但赵显一如既往，公司的同事都看不下去了：

“你看他都不理你，你老是热脸贴冷屁股，有意思吗？”

“每个人都有自己的心理防线，杰克一个人来到上海工作，有顾虑也是正常的，我能理解。况且我也不是热脸贴冷屁股，你没发现现在我每次和杰克打招呼，他都点头和我示意了吗？这就是进步呀！”赵显回答道，并没有因为受到杰克的冷遇而降低了自己的热情。

在初次见面的时候，别人对你有所防备实在是再正常不过的事情了。但不能因为别人对你的冷淡，就慢慢丧失了自己的热情。因为，热情是会感染的，不要怕“热脸贴冷屁股”。只要充满热情地对待别人，让生活充满蓬勃向上的生机和活力，将这种热情散发出去，这股热情就会像太阳一样温暖着身边的人，久而久之，即使再冷若冰霜的人，也会被这股热情所感染。

法则 28：笑，就对了，就算硬笑也无所谓

笑容，自古以来就是人们最美的妆容。因为笑，原本冷漠的人会变得温暖；因为笑，原本尴尬的气氛会变得融洽；因为笑，原本远距离的关系会被拉近；因为笑，一切看起来才和谐。笑，就对了，就算是硬笑也无所谓。

任何时候，初次见面也好，发言时也好，日常交际中也好，遇到问题

向人求助时也好，发生矛盾后求和时也好，种种一切事件的开始，有一个笑脸总会事半功倍。

笑，是一种无声语言。它象征温暖、和平和善意，而这些都是人们所向往的。笑容的魅力便在于此。

在一架刚起飞不久的飞机上，一位乘客要求空姐给他倒一杯水吃药，空姐走过去微笑道："先生，为了您的安全，请稍稍等待片刻。飞机进入平流层平稳飞行后我再倒水给您可以吗？"这位客人觉得有道理，便同意了。过了20分钟，飞机早已进入了平流层，机舱内突然响起了紧促的乘客服务铃。方才那位空姐也猛地想起来：糟糕，因为太忙忘了给要求倒水吃药的那位乘客倒水了。她已经做好了接受批评的准备，倒好水来到乘客舱，小心翼翼地将水杯递给乘客，并微笑道："不好意思先生，因为机舱内乘客众多，我忙晕了头，耽误了您吃药的时间，我感到非常抱歉。"这位乘客并没有接水，指了指手上的表说道："怎么回事，有你这样服务的吗？看看都过了多久了，一点儿时间观念都没有……"空姐端着水杯，心里感到很委屈，无论她怎么解释怎么道歉，这位挑剔的乘客都不愿意原谅她。直到客户说累了，方才勉强接过空姐手中的水杯。

在后来的飞行过程中，不论是用餐时间还是递送毛毯的时间，只要这位空姐进入乘客舱服务，她都会特意走到那位乘客面前，弯下腰面带微笑地问他是否需要水或者其他服务。

然而那位乘客仍旧板着脸，一副气还未消的样子。快到目的地的时候，那位乘客要求空姐把乘客留言簿拿给他。很显然，这位乘客是打算投诉这个空姐了。此时，这名空姐感到十分委屈和焦虑，心想事已至此也无能为力了，但是她仍旧不失职业道德地将留言簿递了过去，并微笑道：

“先生，请允许我再次向您表达我的歉意，无论您提出什么意见，我都将真诚地接受您的批评并改正。”那位乘客脸色一紧，想说什么但终究未开口，他接过留言簿，写了起来。

飞机安全降落之后，所有乘客都离开了，空乘人员开始清理机舱，空姐打开了方才的留言簿，看到那位乘客的留言，她惊奇地发现那并不是一封批评信，而是一封表扬信。他写道：“在整个过程中，你的歉意深深地感动了我，特别是你那12次微笑，虽然我不知道你的笑容是不是发自内心，或许它是硬笑也不一定，可你的态度深深打动了我，所以我最终决定将投诉改成表扬。你的服务质量很高，如果下次有机会，我希望还能乘坐你们这趟航班。”

空姐看了乘客的留言，内心也受到了极大的鼓励，后来的工作过程中也越发尽心尽力地为乘客提供服务。

由此可见，微笑是能够弥补我们犯下的错误的，甚至可以让有误会的人冰释前嫌。哪怕这笑容是你逼着自己硬笑出来的，只要这笑不是虚伪的笑，而是发自你的内心，它就能在你的唇边开出美丽的花。所有看到你笑容的人，都能嗅到这美丽花朵的芬芳。

笑虽然只是一个表情，但是它的作用却远比人们想象的要大得多。笑容是无声的言语，但是感染力却远比说出来的话更强。如果没有空姐的12次微笑，我想那个乘客不见得会原谅空姐。虽然空姐内心确实感到抱歉，也真诚地向乘客道歉了，可在之后的服务过程中如果空姐不面带微笑，那个乘客一定以为空姐无心为他服务，就算是在服务，也不待见他，因为笑都不笑，让人觉得空姐是带着情绪在服务。

所以说，笑容的作用和魅力不仅仅只停留在表面上。它甚至能充当人们日常社交活动中的催化剂和润滑剂，它能让针锋相对的关系缓和下来，减小人与人之间的摩擦，没有了摩擦，人与人之间也就减少了矛盾。至于催化剂，我想方才那个关于空姐和乘客的例子里，笑容就很好地展现了催化剂的功能。说话时有了“笑”这个助力，即便是口才一般的人，也不至于让人感觉太差。

笑，就对了，哪怕是硬笑也无所谓。你的笑容是炎炎夏日里一缕透心的清爽，是寒冬腊月里高挂于空的骄阳，是阳春三月一缕春风吹散仲春的最后一丝寒气，它是“刚刚好”。

能够让一切刚刚好的，恐怕也就只有笑容了。初见时的刚刚好，离别时的刚刚好，深交时的刚刚好，发生冲突时的刚刚好……

提升口才，除了提升语言的控制能力，最为关键的是提升说话时对表情的控制力，学会笑，是第一步！

法则 29：不要忽视眼神和手势的热情

传递信息的方式，除了用嘴巴去说，还有用眼神和肢体语言去传递。在人与人沟通的过程中，眼神和手势的运用已经成为说话技巧不可缺失的一部分，它们的感染力是不容小觑的。

意大利著名画家达·芬奇在《笔记》中说道：“眼睛是心灵的窗户。”意思是说，透过一个人的眼睛，能够看到这个人的内心世界。英国生物学家达尔文在《人和动物的表情》一书中，也曾把眼神的变化和人类的情绪变化相关联。因此，眼神对表达是非常重要的。

青年演员秦岚在《南京！南京！》中饰演唐太太，一共只有五场戏，三句台词。

三句台词是什么概念？在一部时长为一个半小时至两个小时的电影里，只说了三句话。试问在众多角色中，为什么好莱坞电影巨头哈维·韦恩斯坦独独肯定和赞美了秦岚？他说：是眼神。

后来在接受采访的时候，秦岚是这么说的：“当时我整个人已经和唐太太融为一体，那时的我内心充满沉重、惶恐、依恋，但又充满信心。看过片子的人中不止你一个人说我的眼神让他们心酸，估计当时我的眼神载满了忧伤和哀愁，但又充满了对故土的依恋。眼神是一个很奇妙的东西，它能表达一个人的内心世界，它的力量可以穿透人心。”

在与人沟通的时候，我们要善于运用眼神。比如别人在阐述观点的时候，我们除了认真倾听外，也应当适时地点头，用眼神传递肯定。眼神运用得好，你的说辞会更加有说服力与感染力。慷慨激昂的演讲配以灼灼目光，试问谁不会被你这一腔热诚所感染呢？

除此之外，眼睛是一个人心灵的窗户，我们在表达自己观点的时候，想要传递的是什么样的信息就应当用什么样的眼神。切不可在对他人的遭遇表示不幸时，眼神流露出来的却是不屑或幸灾乐祸。如此，即便是你言辞再诚恳，你的眼神也会在不经意间出卖你。

许多有经验的演讲者，在演讲过程中会使用眼神与听众交流，因为这样能快速地与听众建立联系。

凯莉·麦戈尼格尔在TED做过关于压力的演讲，她是这样使用眼神的：

“我要向你们坦白这样一件事情（短暂停顿，面带微笑地看着听众席），首先，我想让你们坦诚地告诉我（她向前走了两步），在过去的一年中（她用眼神仔细地观看周围的每一张脸），你是否从来没有承受过压力？请举起手来（她睁大眼睛，期待地望着听众）。

就这样，她利用眼神的作用，很快与听众建立了联系。

除了使用眼神，在与别人交流时我们还要善于使用手势。曾有研究表明，人与人之间的沟通，语言只有7%的传达作用，语气占据38%，肢体语言在沟通中起到了55%的影响力。

提升表达能力可以通过积攒词汇量来达到效果，但当我们不知道怎么提升肢体语言的时候，手势就成了最简单且强有力的肢体语言。

想想看，比如我们在与人沟通时，给人加油打气，除了口头上会说一句“加油！看好你”外，如果此时做一个握拳打气的动作，是不是说出来“加油！”这句话会变得更加有力？那么对方感受到的鼓励想必会比简单的一句话要生动得多。

想想看，我们在走路时突然碰到了熟人，我们的惯性动作是不是在说“嗨，好巧”的同时招招手？这一手势在日常生活中被广泛运用，那是因为我们深知有了招手这一动作，会让自己和被打招呼的人都觉得舒适，远比一句干巴巴的“嗨，好巧”要热情得多。

想想看，我们在发言结束后，想要邀请下一位发言者发言时，除了说出邀请者的名字外，是不是同时还会附上一个请的手势？这个手势伸出去时呈现135度，手指并拢掌心向上指向被邀请者。这是一个非常善意的手势，日常里有些乞讨的人就经常使用这个手势。这个手势往往表示谦逊有礼、压低自己抬高被邀请者的意味。

说了比较日常的手势，我们再来说一下非日常但是可以运用到其他特定场合的手势。

OK手势。这个手势平日里我们表示“收到”“好的”“我知道了”等意思，类似于数字“3”的手势。

区分型手势。有时候我们说话时，常常有好几点要阐述，这个时候一般人可能会采用直接用手比数字的方式来增加条理性，同时也便于自己记忆阐述到了第几点。但是实际上，往往用单手比出一个数字，边比数字边说话，会给人以强势压迫的感觉。所以，区分型手势在后来的说话场合中渐渐代替了比数字的手势。区分型手势即双手五指并拢自然张开，像两把刀，阐述1、2、3等观点时，可由内向外或由外向内，边移动边说，这一手势是乔布斯在说话时最钟爱的手势。

乔布斯在演讲的时候，常常使用手势来起辅助作用。

2003年，乔布斯在MACWORLD大会上做演讲。

“你知道吗？苹果公司……钛合金POWERBOOK笔记本电脑已经成为最好的笔记本电脑。（他伸出自己的食指，掌心向外张开手臂）它通过了所有的测评，获得了所有测评者的称赞。我肯定，在两年之内（他伸出两根手指），没有任何别的笔记本电脑能超过它。到目前为止，几乎所有的测评人员都认为它是整个行业内的佼佼者（他上下挥动手臂，然后展开手掌）。对于我们来说，这是一个非常重要的信息。我相信，不久的将来，笔记本电脑将取代台式机，更多新型的笔记本也会被研发出来。我也坚信，铝合金POWERBOOK在电脑发展史上具有重大意义，我们不会停止生产它。但是，苹果公司会将其升级（他将左手从右边滑向左边），让更多的台式机使用者放弃自己的老电脑而使用它。

“那么，我们怎样做到这一点呢？

“是它！（他掌心向上，打开样品）

“这是一款新型的POWERBOOK笔记本电脑，它的屏幕是17英寸，非常漂亮。（他伸出左手将大拇指和食指捏在一起，只留一点点缝隙）这是苹果公司推出的最新产品。它很轻薄，只有1英寸。

“……”

乔布斯在演讲过程中，不停地变换手势，有效地调动了观众们的情绪和注意力。苹果公司的前CEO阿梅里奥曾经这样说道：“斯蒂夫的演讲真让人着迷。”

总的来说，眼神和手势的感染力在说话的时候往往起到了非常重要的作用，这些作用是我们不可忽视的，需要我们日常细细去品味和揣摩。

“眼神”和“手势”的力量依赖于言语表达，但是却高于言语表达，这三者相辅相成。搭配得好，会达到意想不到的效果；搭配得不好，则会得不偿失。如果你想要成为一个会说话的人，眼神和手势的合理灵活运用则需加强练习。

说话的宽度决定了你生活的宽度，说话的高度决定了你人格的高度，说话的广度决定了你人生的广度。每个人都应该去学习如何做一个会说话的人！

法则 30：用声音展现热情，吸引注意力

民间有句俗话，叫作：“未见其人，先闻其声。”武侠小说里往往用来表现某个侠客功力深厚，可以在不显山露水且不让敌人发现自己的情况下把想说的话传给别人。现在，这一说法往往用来表达一个人的声音有辨识度，在人还没来的时候，听见声音就知道是这个人来了。所以说，声音往往也代表了一个人的外在形象。让声音变得有辨识度，让别人记住你的声音特质，让你一开口就吸引别人的注意力，这一点对于想要提升口才的人来说是有必要学习的。

称赞一个人口才好，多半是因为那个人说的话可以打动了你。但是，这有一个大前提，那就是首先得让别人愿意听你说。那么，能够将别人的注意力吸引到自己这里来就是第一步。只有让别人对自己有足够的关注度，那么接下来自己说的话才有可能被对方听进去。如果对方的注意力不在你这里，我想就算你说破嘴皮子也不见得有效果。

如果我们注意观察就会发现，老师往往在准备发言时，总是会拿手拍两下桌子或者是拿教鞭敲打几下黑板，此时学生的注意力就会被集中到突然出现在讲台上的声音源那里去。除此之外，马路上的洒水车在缓慢行驶冲刷路面的时候，车顶的喇叭里总是会放上一段熟悉的音乐，那些听到这

个音乐的人第一时间就能意识到“洒水车要来了，我得赶紧走开”。公司里开短会的时候，领导路过市场部的办公室，可能会随即拍几下巴掌，然后说道“我简单说两句”，在听到拍掌声音时，原本在各自忙碌的员工也都会停下手里的事情向领导看过去。

以上的几个小例子说明了什么？说明声音总是能比事物本身先一步吸引到别人的注意，尤其是打破平衡的声音。打破平衡的声音还可以理解为，在这个时空环境下，与其他声音源不同的声音。当然，你要理解为噪音那我也没办法。这一现象其实可以类推到我们说话的时候，如果大家说的东西都一样，那么怎么才能够在众多发言者当中脱颖而出呢？

那就是热情！用声音展现热情，才能吸引注意力。

牛奶品牌商在某大型超市的两个进口处同时设立了货架，并找来了两个大学生促销员进行促销。因为牛奶是新品牌，市场认知度不足，品牌知名度也没有提起来，品牌商希望借助找来的促销员提升一下销售业绩，同时也希望能够让市民对这个牛奶品牌开始有认知度。两处货架的货量是一致的，展销台的规模、样式、台面大小也都一致，可以说除了两个销售员不一样以外其他都一样。结果一天的营业时间结束后，牛奶品牌商的市场经理到商场进行市场调研，竟发现两处销售量出现了较大的差异，A处销售业绩明显好于B外太多。

产生这种差异的原因是什么呢？一开始，市场经理认为是两个进口处的地点不一致导致人流量有差异，从而引发了销量差异，后来对人流量进行了估算，发现人流量基本上也差不多。

那么问题在哪里？市场经理调出了两个销售处的监控，仔细比对了两个销售人员的工作状态，心中有了初步结论。为了验证心中的结论，市场经理将A、B两处的销售人员进行了调岗，原来在A处的销售员去了B处，在B处的销售员换到A处，经过一天的营业后，这一次B处的销售业绩竟高于A处。市场经理心中的猜想被证实。后来，市场经理找来这两个销售人员进行面谈，果不其然，发现两次销售业绩较好的那个销售人员说话的声音和音调给人一种热情满满的感觉，而另外一个人的表达能力虽然不错，但是在沟通过程中只要那个声音有热情的销售人员开口，市场经理的注意力总是在第一时间被吸引过去。如果市场经理作为一个消费者，同样的产品让这两位销售人员进行销售，他必然会在那个热情的销售人员手上下单。后来，公司成立了一个培训部，专门研究如何用声音展现热情，以此来吸引消费者，所有员工完成培训才能上岗工作，这个奶产品很快就打开了市场，知名度有了飞跃的提升。

由此可见，口才好的人除了有优秀的表达能力外，给人热情的感觉也是很重要的。表达热情的方式有很多，但是没有哪一种能比声音更直观了。招待客人时，可能你端茶倒水，细心招待，这些也能体现你的热情，但是更多的人会觉得这些是待客的礼仪。声音的热情却是跟你沟通的人时时刻刻都能感受到的。不信你试试，一句“嗨，你吃饭了吗”这样简单的话，用淡淡的语气说出来是什么感觉？然后再适当提高音量，发自内心地关心，面带微笑热情地去说“嗨，你吃饭了吗”，这又是什么样的一种感觉？

热情的声音能够在第一时间吸引到别人的注意力，人们总是会不由自主地向温暖热情的东西靠近，不论是人还是声音，没有人喜欢阴冷生硬。如果你希望自己一开口，大家的注意力都被你吸引，那么首先你就要让自己的声音听起来更热情！

法则 31：音调要多变，每一句话都清晰自然

在日常生活中，人们用语言和别人进行交流，声音是传递信息的重要媒介。一个人要想准确表达自己的看法，必须吐字清楚，每一句话都清晰自然。然而，要想表达清楚意思，并且很融洽地与对方交流，还需要把握好语调，也就是声调。同样的一句话，声调不同，会传递出不同甚至是相反的信息。

“下雨了！”（惊喜）

“下雨了？”（疑问）

“下雨了。”（平淡）

惊喜地说出“下雨了”，说明说话人认为下雨是好天气，也隐含着很多信息：庄稼有救了，在此之前的天气十分干旱，等等；

疑问地说出“下雨了”，说明说话人并不确定是否下雨了，可能没下，或者雨特别小；

平淡地说出“下雨了”，仿佛只是在陈述一个事实，提醒大家需要带伞。

当然，说话的声调千差万别，并不只有这几种。每一种声调向对方传递的信息都不会完全相同，隐含的信息非常丰富。由此可见，声调的轻重

缓急、高低起伏十分重要。

有时候，一个人声音的大小、声调的气势，甚至能够决定是否能退敌，这种情况经常发生在战场上。作为一名将军，他的声音如果没有威震八方的气势，那么他很大程度上就不能够让自己的士兵信服。相反，如果一个将军在战场上的呼喊声气势如虹，就能够很好地鼓舞士气和威慑敌人，甚至能够达到“不战而屈人之兵”的效果。

例如，张飞在长坂坡上大喊一声：“燕人张翼德在此，谁敢与我决一死战！”这惊天的吼叫让八十万曹军心生退意，也为刘备的军队赢得了生机。

而在我们平常的相处中，这样如雷般的吼声则不适宜。因为在公共场合，在日常与人相处中，大声说话会让人感到不舒服。因为声音大、声调高，往往代表着说话人的消极情绪：愤怒、悲痛、气急等。人在这些情绪下往往会不自觉地提高自己的声调。而人在情绪低落的时候，往往说话的声音不会太大，而且声调会低沉，使人一听就能够心领神会。

声音的大小总是和声调的起伏如影随形。在和别人交谈的时候，一定要注意控制自己声音的语调。尤其是在演讲场所或公共场合讲话的时候。因为这些场合本身就是演讲者的独奏，带有一定的目的性，只有声调和谐，才能引起听众的注意力，最终达到演讲的目的。

摩契斯卡夫人是波兰著名的明星，曾经有一次在美国演出，被观众要求用波兰语说一段话。摩契斯卡夫人会心一笑，虽然下面的观众几乎全都是美国人，但摩契斯卡并没有拒绝这位观众。她在台上用波兰语开始讲话，声调时高时低，时而忧愁，时而哀伤，悠远而绵长，有时仿若雷声阵阵，有时宛若微风细雨，随风潜入夜。而观众们虽然听不懂，但也被感染，情绪随着摩契斯卡夫人声调的高低而起伏，当摩契斯卡夫人讲完的时候，全场鸦雀无声，随之掌声阵阵。而实际上，通过摩契斯卡夫人的丈夫得知，他的夫人只不过是在背九九乘法表而已。谁能想得到语调的魅力竟然如此之大，即使语言不通，也同样能够使听众感动得落泪，高兴得欢呼雀跃，甚至能够控制听众的情绪。

声调的作用远不止于此。声调的起伏能够反映一个人说话时的心理状态，能够表现出一个人对人对事的态度。因此在说话时，一定要控制自己的声调，尤其在演讲的场合，音调一定要多变。因为，听众可以从说话者的声调中，心领神会很多信息。如果一个人说话的声调一直平淡无奇，无高低起伏，甚至愤怒、悲伤、忧愁的时候，声调也一直是平的。那么，人们会感觉这是一个高深难测、不易相处的人。从一个人说话的声调中，甚至可以分辨这是一个怎样性格的人。是积极阳光，还是诚实可靠，这些都能通过声调反映出来。

因此，我们在说话的时候，要想自己的话让别人信服，必须做到说出的每一句话都清晰自然、声调多变。在表示疑问、慷慨、鼓舞的时候，把自己的声调稍稍提高；在表示强调或者更加强烈情绪的时候，把声调逐渐提高；而在表现悲伤低落的情绪时，声调下降、低沉。让声调跟着自己的情绪上下起伏，通过自己的声调变化充分表情达意，这样说话不仅会让自己的表达清楚完整，也会让听众感同身受。

法则32：用表情表达内心，五官就是你的好帮手

我们常常说做事要“不动声色”，做人要“察言观色”，说的就是学会控制自己的表情以及学会观察他人的表情。表情往往能在一个人不说话的时候反映他的内心活动：是喜是忧、是苦是悲、是好是坏。能够熟练地对各种表情进行控制和运用，让五官成为你的帮手，这会提升你的表达效果，让你原本的口才表达力更上一层楼。

罗斯福是美国著名的演讲家，他的听众就曾经这样评价他：“他满脸都是动人的表情。”

而在《回忆罗斯福》里，也有这样的评语：“在20分钟的时间里，罗斯福先生的脸上表现出诧异、好奇、故作吃惊、真正的兴趣、焦虑、同情、幽默、尊严和无比的魅力，但是他几乎没有说出什么东西。”

罗斯福的演讲就非常注重五官的表情，这表情不是矫揉造作，而是真情流露，因而罗斯福的演讲才如此受美国观众的欢迎。

有一部非常火的美剧叫作《别对我说谎》，讲的是美国FBI（联邦调查局）对罪犯进行微表情和身体反应观察从而解开案件之谜的一系列故事。这部美剧的播出，引起了非常大的轰动，甚至电视里的一些桥段都被运用到人力资源面试中。事实上，这些对微表情、肢体语言的观察，在世界上

早就被用于刑侦破案中了，这是因为无声的语言往往比有声语言更诚实，意思就是说罪犯说出来的话可能会作假到天衣无缝，但是表情和肢体语言往往会有漏洞。

表情反映了一个人的内心。当你看到一件事情或者听到一句话，惹得你不开心时，你或许会微微皱眉、撇嘴，甚至直接露出了“囧”字脸；当你被人赞美，听到或者看到开心的事物时你就会情不自禁也露出笑容……，这些都充分地说明了表情是内心活动的展示窗。所以我们悲伤时会哭泣，高兴时会笑，不解时会皱眉，逗趣时会眨眼……

在与人沟通时，要学会用表情表达你的内心，让五官动起来，把那些无法用言语表达出来的情感，用表情传递给对方，让对方知道你的内心活动。同时，恰到好处的表情，能够为你的表达加分，也更容易把话说到对方的心底。

在公司里，凡是有演讲或者团建活动，娜娜总是被领导钦点作为代表发言或是作为团建活动的主持人来组织互动。事实上，娜娜的口才并不是公司里最好的，有时候跟客户打电话时常常被客户噎得说不上来话，相比之下，公司里口才比她好的人大有人在，但是这些人只能做做业务，却无法参与到公司的大型活动中来。

但是，娜娜一个口才不好的人，为什么总是能够为公司组织活动呢？事实上，在公司里大家都给了娜娜一个有趣的称呼，叫作“行走的表情包”。不论任何时候，只要娜娜在接待客人，或者在打业务电话，她那标准的露牙微笑就是标配，所以任何时候跟她接触的人都说娜娜是个有亲和力的人。即便娜娜在工作中犯了一些小错误，也会因为她的笑容加上诚恳的道歉，大家都原谅了她并且愿意帮助她。公司有同事生病了，娜娜关心他们时的表情总会让人觉得她是真真实实地心疼病患，而不像那些嘴巴上说着好好休息多喝热水，敲打着键盘的手却还未停下、盯着电脑的眼还未挪开的人。在代表公司发言的场合，娜娜的发言虽然算不上震撼人心，言语措辞也不算精准，但是她的发言却总是能调动气氛，只因为她的演说声情并茂，感动了众人。

口才的好，一方面在于对言语的控制，另一方面就在于对表情的控制。

内心想传递的东西，在语言上不一定可以直观地表达出来，尤其是当表达者语言表达能力欠佳的时候，此时此刻，五官就能成为你的好帮手。最直观地反映人们内心活动的就是表情，当然还有眼神。面部表情的变化代表了你内心活动的变化。这种突然的转变在电视场景中常常被使用，比如主人公正一脸幸福地在做什么事情时，突然看到了自己的杀父仇人或者其他不好的人，此刻的表情就会变得愤怒或者恐惧，此时即便是没有台词，我想观众也能够感受到主人公情绪上的转变，此时此刻无声胜有声。

内心情感上的变化，或者是情绪上的变化，有时候用声音来传递会显得生硬和尴尬。比如你生日的时候收到了朋友精心准备的礼物，在收到礼物的那一刻你的内心是喜悦的，假如你面无表情地说了一句：“我真的是太开心了，谢谢你的礼物。”我想，送你生日礼物的那个朋友一定会非常尴尬甚至愤怒，你的面无表情并不会让他感受到谢意和欢喜，只会让他觉得你心口不一——明明心里不喜欢嘴巴上还说“谢谢”，真是个虚伪的人啊。

诸如此类的例子还有很多。面部表情的合理运用会让你的语言变得更有说服力，面部表情就好像是颜料，而你的言语就是黑白线条。你说话时用黑白线条构成了你想要的图画，你的面部表情为你构成的图画进行颜色渲染，如此一来，一幅色彩斑斓的图画便展现在人们面前。只有图画，略显单调；只有颜色，略显抽象。所以，说话时配合面部表情，是提升表达能力和感染力的有效方法。

多加练习面部表情，将合适的表情在合适的时刻展现，我相信即便你的语言操纵能力不如他人，你的综合表达能力也一定优于他人。因为，声情并茂才是我们最好的表达状态！

法则 33：巧用修辞体现口才，语音生动让人信服

当今社会，口才的重要性越来越突出。个人的成长也离不开口才，人们常说："人才不一定有口才，但有口才的人一定是人才。"日常生活中，口才的运用场合数不胜数。求职面试需要口才，交朋友需要口才，谈恋爱同样需要口才，几乎所有的场合都需要有良好的口才才能获得成功。有口才的人总是能够成为一个团队或者群体的领导核心。而历史上德高望重之人口才都非常了得，总是能够用简单的几句话就说到问题的实质，找到问题的关键。

伏罗希洛夫是二战时期苏联的革命军事委员会主席。1931年，有一次他在军营里巡查的时候，看到有一个士兵的枪法实在是杂乱无章，竟然一

枪都没有打中靶心。伏罗希洛夫问他：

“怎么一枪都没中？”

这位士兵看大家都笑话他，非常不服气，扬了扬手中的枪，反驳道：“我的这把枪是旧式的，非常不好使。”

伏罗希洛夫从士兵的手里拿过枪，对准不远处的靶子，连发了7枪，全部命中。伏罗希洛夫转过身来对着全营的士兵说：

“事实证明，这支旧式枪在我的手中是多么好用。这位士兵显然误会了他手中的‘伙伴’，所以这把枪我将没收。请营长给他配一支好用一点儿的枪支，并把他最终的射击成绩交给我。最后，我送给他一句俄罗斯的谚语：脸丑的人就别抱怨镜子。”

对一发未中还不服气的士兵，伏罗希洛夫用事实证明了即使是不好用的枪支同样也能取得好成绩。而在结束的时候巧用了俄罗斯的谚语，启发了士兵，枪好不好用不是关键，人的使枪技术才是最主要的，经过艰苦的训练，即使再不好用的枪，也能达到百发百中的效果。伏罗希洛夫教士兵射击打枪的故事在军营里流传很广。那是因为伏罗希洛夫不仅用铿锵有力的语言对士兵进行了批驳，而且用实际行动证明了士兵的理由是错误的。伏罗希洛夫运用了俄罗斯妇孺皆知的谚语，声音洪亮而有力，自然很有说服力。

人际交往中，在和对方进行交谈的时候，尤其是人多的场合，运用谚语会非常具有说服力和可信度，因为谚语经过千百年的流传，在人们的心中基本上是不可否认的金科玉律。要想拥有好的口才，光拥有渊博的知识是远远不够的。因为口才运用的场合都是随机的，谈话的对象也千差万别，每个人都有自己不同的个性和语言风格。因此，想拥有好的口才，要有一定的技巧。在和别人谈话的时候，必须意识到谈话对象的生活背景和知识水平，这样才能找到适当的切入点，让自己的声音深入对方的内心。

左权是抗日战争时期著名的将领，他带的兵都非常骁勇善战，而左权将军的魅力来源就是他的口才。在与士兵谈话的时候，左权非常喜欢用比喻的手法，不仅能够将很多不方便直接说出口的话以比喻的方式让几乎都是文盲的士兵听得懂，而且还会鼓舞士气。1941年，有一个小士兵郭树保被派给左权将军当警卫员。郭树保没有读过书，左权将军了解过后，随口说出了八个常见字，让他写在纸上。结果，郭树保只写对了五个字。郭树保非常难为情，低着头认错，以为左将军肯定会对自己非常失望，一顿批评是少不了的。结果，左权将军并没有生气，反而非常风趣地对他说：

"小郭，你看，今天写八个字，对了五个，还有三个，其中两个写错了，还有一个不会写，这不是很好嘛。你想，在战场上杀日本鬼子，来了八个鬼子，你杀了五个，两个重伤，还有一个逃跑了。今后要认真学习，我教你的字全部都会写了，咱们离胜利也就不远了!"

听了将军的话，从此以后，郭树保非常用功地学习认字，很快就学会了好几百个生字。

左权将军在这次谈话里就用了比喻的方法，将文字比作敌人，会认、会写一个汉字，就代表消灭了一个敌人，这样具有军人特色的比喻非常贴合当时的环境，这样的比喻也非常巧妙，郭树保听了之后深受鼓舞，即使不能上阵杀敌，但学习同样非常重要。

一个人的成功离不开良好的口才。口语的表达能力好坏往往代表着一个人在社会上的交际能力强弱。口语是以语言为载体，而语言的组织要靠思维的运转。从某个层面来说，你的声音传播有多远，你的舞台就有多大。如果一个人的声音“细若蚊蝇”，那么即使他是满腹经纶的学者，也会被埋没。这个社会是口才的社会，如果连发出声音的勇气都没有，只能在自己狭窄的生活圈子里兜兜转转。如果一个人的声音洪亮，又具备相当的知识水平，口才了得，那么他无论在工作上还是生活中，都会如鱼得水。好的口才需要锻炼，首先需要自信和微笑，与人谈话一定要充满自信，面带微笑，即使偶尔说错话也没有关系。只要在人际交往中多锻炼，多听成功人士是怎么说话的，在人际交谈中寻找技巧并融会贯通，多思考，并要敢于发出自己的声音，久而久之，你的人生舞台就会越来越大，台下都是支持你的听众。

有来有往，互动是最好的沟通

法则 34：沉默也是一种说服的力量

在交谈中，学会沉默也是一种说话的艺术。因为我们经常会碰到这种情形，当一个人兴高采烈或者义愤填膺地跟你讲述某件事情或者抱怨的时候，你却对这个话题兴趣索然，甚至觉得自己完全不认同。这个时候如果直接提出反对意见或者尖锐地批评，肯定会打击到对方，甚至还会影响双方的关系。那么，这时候最好的做法就是保持沉默。沉默是金，说得一点儿都不假，当你无法强迫自己去认可对方的观点时，最好的办法就是保持沉默。

老赵是某市农牧局的一把手。有一次，市郊区的牧场负责人打电话给老赵求救。原来牧场养的奶牛近期都得了一种疾病，产的牛奶也染上了病菌，虽然利用除菌技术可以去掉牛奶中的细菌，但是这么做无形中成本就增加了。而且这种疾病虽然还不会危及奶牛的生命，但是久治不愈，一直拖着也不是办法，牧场的兽医都束手无策。老赵当即就吩咐技术人员小高和负责人一起到牧区去看看情况。小高是学兽医的，医学水平上应该没有问题。但是小高从小就生活在市里，听说牧区不仅偏僻，交通不便，而且条件比较艰苦，就理直气壮地找到了老赵讲条件：

“我这次去这么远的地方，回来了怎么也得给我升官吧？”

老赵看了他一眼，什么话也没说。

“不升官的话，那么总能给我记一功吧？”小高又提高了自己的声音。

老赵依旧没有说话。小高看了看领导，开始喋喋不休地说牧区的条件有多少艰苦，这个任务有多么不容易，自己一个人绝对完成不了，等等。但是老赵始终都是一言不发。小高站在那儿十分尴尬，但领导就是不发话。最后万般无奈之下，只得说：

“我去牧场了，跟您辞个行。”

老赵这才点了点头。小高垂头丧气地离开办公室，简单收拾了下行李，跟着牧区的负责人到牧场去了。

有的时候，沉默才是最终取胜的法宝。上级吩咐下级的任务，本就毫无条件可谈。更何况老赵也知道这个任务小高能胜任。但是小高却以各种理由搪塞，企图为自己博得最大的利益。如果老赵义正言辞地拒绝他，那么这样很可能会打击到小高的积极性。保持沉默的话，小高也就知道了老赵的态度。这样做，是一举两得。

通过沉默，老赵达到了自己的目的。当即将发生冲突或者对同一件事情总是争论得不到结果的时候，沉默也是最好的选择。沉默甚至能够启发对方去思考，从而意识到自己的错误。

有一个小男孩，不知什么时候养成了一种坏毛病：虐待小动物。有时候在街边看到流浪狗，小男孩就会拿石头扔它或者走过去用脚狠狠地踢。他的父母每次看到后，妈妈总是温声细语地责备他这样做是不对的，小男孩的爸爸则是出言训斥他，甚至威胁下次如果再这样的话，就揍他。但是小男孩依旧屡教不改，而且越来越厉害。小男孩的妈妈非常担心，因为这样的行为可能为自己的儿子带来危险，而且也不利于他健康人格的养成。终于，小男孩的妈妈去请教了儿童心理医生。医生告诉他：

“下次他再这么做的时候，你什么都不要说。”

“什么都不说他就会改了吗？”小男孩的妈妈觉得十分惊讶。

“是的。你们过分的关注只会让他误入歧途。”医生微笑着说。

小男孩的妈妈半信半疑。回到小区，果然又看见儿子在正虐待一只猫咪。小男孩的妈妈只是看了自己的儿子，就假装若无其事地回家了。

小男孩看到妈妈反常的举动，觉得非常奇怪。踢了几脚缩在角落里的小猫，就跑回家了。

“妈妈……”小男孩叫道。

没有得到回应，小男孩心虚地看了一眼自己的妈妈，又叫道：

“妈妈，你今天怎么没批评我？”

还是没有得到回应，小男孩开始着急了，一直叫着妈妈。但是小男孩的妈妈就是保持沉默，自己做自己的事情。

终于，小男孩忍不住痛哭起来，抽抽嗒嗒地说：

“妈妈，……对……不起，我……再……也不……打小……动物了，你不要不理我。”

有时候，沉默往往能给别人启迪，让对方进行自我反思。在人际交往中，有时候无声的沉默就是最好的抗议。当别人兴致勃勃地提议去做某事的时候，如果自己不想去或者没有兴趣，直接说出来不太好，委婉地拒绝有时候又抵不住对方的盛情，这时候最好的办法就是保持沉默，既表达了自己不想去的意思又不会让对方太失望。

当然，需要说服对方的时候，沉默也是一种强大的力量。

一家日本公司召开会议，参会者都是各级管理人员，会议的主题是“关于人才培训的问题”。会议开始后，青木经理直截了当地说道：“我觉得公司的人才培训没有发挥出作用，整个人才培训体系不完善，新员工在入职后，其工作水平普遍较低，工作效率急需提高。我提议，公司应该成立一个让所有员工进修的培训机构，大家意见如何？”

大家听了青木经理的提议，议论纷纷，有的支持他的意见，有的表示反对。总裁最后说：“我认为，青木经理提出的问题确实存在，但并不严重。而且，员工在实际工作中，会慢慢提高他们的工作水平。所以，我认为专门成立一个负责培训的机构并不合适。”

青木经理站了起来，想继续陈述自己的观点。总裁打断了他的话，说道：“我们先进行下一个议题，你的建议我们下次开会再谈。”

在一个月后的会议上，总裁第一句话说：“首先，我要向青木经理道歉。我私底下调查过了，青木经理提出的问题确实存在，我很赞同他的观点，因此今天开会专门讨论一下如何改变目前人才培训的方法。请大家畅所欲言。”

大家又议论起来。奇怪的是，青木经理这次却一言不发，自始至终保持沉默。

会议结束后，总裁把青木经理叫到办公室，问道：“今天你怎么这么沉默？上次开会的时候，这个建议不是你提出来的吗？”

青木经理笑道：“是的，是提出来这个建议。不过，我上次提出的建议已经被您采纳，我就没有必要再说什么了。所以，我今天要听听同事们的意见。”

总裁笑了笑，说道：“原来如此。今天你如此沉默，让我压力很大。我越发觉得你的提议非常好，我把这个任务全权交给你负责。”

“总裁请放心，我一定完成任务。”青木经理自信地说。

由此可见，有的时候，沉默也是一种无形的力量。

有人觉得沉默是一种屈服，是一种委屈求全，尤其是当自己受到别人无端指责的时候，更是不能忍，一定要为自己辩解。其实这样反而会让自己陷入困境。因为如果对方是有意针对你，那么无论如何为自己辩解也很难澄清，这时候保持沉默的话，对方反而会觉得索然无味，就会知趣地离开了。退一步海阔天空，适当地保持沉默也是一种妥善处理人际关系的办法，更是一种“此时无声胜有声”的说话艺术。

法则 35：善于聆听，才是你了解听众的不二法门

生活中，我们经常要和不同的人说话。要和亲朋好友说话，要和同事说话，要和顾客说话，要和陌生人说话……很多人都觉得说话不过是言语之间的交锋，实则不然。在谈话中，有时倾听比倾诉更为重要。学会倾听，才能了解听众，才能懂得对方的喜好和诉求，这样的话，你自然会在交流中占据上风。

史密斯在一家保险公司上班，销售人身保险。其实，人身保险业务很难做，因为顾客会以为这是在诅咒自己的未来。虽然保险公司认为提前买好人身保险是未雨绸缪，防范于未然，可当一个人生活得好好的时候，谁会愿意去相信自己在将来的某一天会遭遇不测呢？因此，在刚开始工作的几个月，史密斯的工作没有任何进展，几乎只能拿一点儿基本工资。

这还不是最要紧的，关键是这几个月的推销遭遇让史密斯深受打击。本来，史密斯自认为是一个口才还不错的人，可是遇到几个对他冷嘲热讽的顾客后，他的自信心一下子跌入了谷底。不过，史密斯并没有放弃，他觉得也许是因为自己的推销太过官方、太过职业化，于是，再和顾客介绍业务的时候，他尽量变得温声细语一些，但收效甚微。

直到有一次，在一座公园里，史密斯在正向一位中年人推销保险，谁知那个人当场大怒：

"你这是在咒我吗？"

"当然不是，先生……"史密斯背上开始冒冷汗。

"我这么健康，需要买保险吗？"中年人似乎并不打算放过史密斯。

史密斯低头不语，一脸歉意，心里暗自思忖：这个人可能遇到了不愉快的事。那个中年人继续喋喋不休地说着，从保险说到了自己的生活，抱怨自己的不幸遭遇。原来，中年人刚刚离婚，心情特别不好，一个人在公园坐着，就想找人说说话。中年人说了很久，史密斯一直在旁边耐心地听着，直到天快黑了，中年人终于发泄完了，才漫不经心地问道："你们这保险怎么卖？"

史密斯简短地介绍了一下公司的人身保险，那个中年人二话不说就买了一份，史密斯觉得十分诧异，谁知那个人说："谢谢你听我的倾诉，这份保险就当是谢谢你了。”

中年人离开后，史密斯终于明白了：为什么以前费尽口舌，顾客对自己的保险也提不起半点兴趣，现在自己几乎没怎么说话，反而推销出去了一份保险？这是倾听的力量！每个人都需要被尊重，无论何时何地，再高超的推销员，如果一直在推销自己的产品，没给对方留下说话的余地，只能适得其反。只有让顾客感觉到自己被尊重了，被理解了，才能拉近双方的距离，他才会相信你。

还有这样一个真实的事例，也说明了倾听的重要性。

胡进是房地产公司的售楼员，个性开朗，十分健谈，业绩也一直在同事中遥遥领先。但是有一次，胡进在推销过程中，却遭到“飞单”。本来，那个顾客很中意他们小区的环境，也看好了楼层，可就在要签合同那天，顾客竟然从售楼部愤然离去。

胡进百思不得其解，他不明白是顾客临时变卦，还是自己什么地方得罪对方了。

为了弄清楚原因，胡进按照顾客留下的联系方式，给顾客打了电话。

客户起先似乎并不想说出原因，见胡进态度很诚恳，便实话告诉他：“可能，这是我自己小题大做了。那天聊天的时候，我说买这套房子是为我儿子准备的。因为我的儿子今年刚刚考上重点大学，他是我的骄傲。我本意是希望你能称赞一下我儿子的，可当时你左顾右盼，一副漫不经心的样子，还忙着接听电话，我觉得很恼火。虽然这事并不怪你，但你知道吗，每个父母都望子成龙，也喜欢别人夸他们的孩子，甚至会有意无意地制造这样的机会。现在提起来，我觉得这是一件小事，可是我确实是在那一刻改变主意的。”

胡进这才明白事情的原委。放下电话后，他羞愧万分，心中暗下决心，以后在和顾客交流时一定要注意倾听。

无独有偶，还有这样一个职场故事：

张经理是浙江某外贸公司销售部门的主要负责人。销售部门的小李在公司两年，销售业绩一直遥遥领先。但是有一天小李却递交了辞职信。张经理想着小李的工作能力很不错，想留住他，于是就把他叫到了办公室。等小李到了，张经理就开始了自己苦口婆心的劝说：

“小李啊，你在公司工作也有三年了吧？”

小李正打算回答，张经理却自顾地说了起来：

“三年说长也不长，说短也不短了，你在公司从一个小小的职员到现在每年的销售量第一，这样的成绩非常不错。如果你现在辞职，那可就前功尽弃了……”

等到小李走出办公室，已经是三个小时之后的事了。整场谈话中，张经理还是和以前一样，一直在自说自话，从来就不会让人有说话的机会。虽说张经理谈话的内容都是自己，都是为了自己的将来和未来职业的前景在做打算，但是这样一个话痨领导，一开口就停不下来，从来也不关心下属的意见，自己如何能够与他愉快地共事呢？

在谈话中，每个人都希望说自己感兴趣的事情，也都想让别人赞同自己。但是生活中，很多时候聆听更为重要，因为只有学会聆听，才能拥有好的谈话人，才能打造自己良好的交际圈和和谐的人际关系。

是呀，尊重对方，了解对方，首先就是要学会倾听。倾听的姿态，会让对方觉得是被尊重的、被理解的。在生活中，保持倾听的姿态能减少矛盾；在谈判时，善于倾听能找到谈判的突破口。

由此可见，倾听是一门艺术。学会说话，先从倾听开始吧。

那么，我们该如何倾听呢？其实，做到善于倾听并不难。当别人说话的时候，注意不要左顾右盼、漫不经心，眼睛应该注视着对方，身体稍微向对方的方向倾斜一点儿。有时候，你还可以若有所思地点点头。可以说，倾听是一种无声的交流，能够充分表现出一个人的涵养。换言之，倾听表现的是自己的诚意，它能够拉近双方的距离，建立良好的人际关系，自然能获得好人缘。更重要的是，倾听是了解听众的不二法门。当对方在说话的时候，你能快速地分析对方的性格、喜好，在接下来的交流中才能“对症下药”，这样的交流当然是富有成效的。

总而言之，倾听是了解听众的不二法门，更是一种智慧。

法则 36：一问一答，让沟通愉快进行

我们在看很多名人访谈节目或者记者采访的时候，会发现一个共同点，基本上都是“一问一答”式的对话。这样的对话十分简短却又能让听众清楚明白，不仅让交谈双方之间的沟通愉快地进行，而且也让听众听懂。

其实，这样的对话在我们日常的生活中也非常实用，这样的交谈方式

能愉快地进行沟通是因为有互动。不是其中一方在自言自语，而是两个人在进行交流，从对方的话语中获取信息，增进交流。

有的时候，问话也要注意技巧，提出的问题要让对方乐意回答，激起对方的兴趣和表达欲，这样的“一问一答”，便能让交流愉快地进行下去。反之，如果提出的问题触到了对方的痛处，或者提出的问题过于高深，那么这样的交流肯定不会成功。

杰克应聘一家大公司的推销员，可他的条件并不好：身材矮小，学历一般，而且口才也不出众。可是，最后他在10名应聘者中脱颖而出。

原来，杰克在应聘之前，先在网上查找了该公司的资料，并了解了这家企业创办人的生平背景。

杰克从背景资料中得知公司的创办人早年进过监狱，出狱后从零售水果起家，后来创办企业，并一步一步走到今天。

正巧，因为公司创办人一直十分重视销售工作，所以他决定亲自面试10位候选人。

交谈过程中，杰克问道：“我很希望能为贵公司效力。听说您以前是从一个小小的水果摊起家，如今却将企业做得风生水起，想必这些年很不容易吧？”

公司创办人对自己当年的牢狱生涯一直避而不谈，但是他很乐意说起自己从卖水果起家的奋斗史。当眼前这位应聘者问起这个问题，挑起了他的谈话欲望。于是，他滔滔不绝地说了起来……

最后，面试的时间到了，可是公司创办人却说得意犹未尽。

末了，他对杰克说：“今天聊得很高兴，欢迎你来我们公司，年轻人。”

杰克巧妙地避开了公司创办人当年的不光彩历史，抛出一个对方乐于回答的问题，结果获得了理想的职位。

当然，真正的“一问一答”是所答即所问，所问即所答，是交谈的双方通过对话获取彼此想了解的信息，是愉快而有效的沟通方式。

很多人都认为“一问一答”式的谈话太过古板和单调，其实不然。“一问一答”是最基本的交流方式，这体现了人与人之间的互动关系。有互动才能够增进交流，通过双方的提问回答，就能够明白以前疑惑或者不解的地方，这样能非常有效地进行沟通。不管是和上级、朋友，甚至是萍水相逢的陌生人，只要采取这样的交谈方式，都能够愉快地进行沟通，促进人际关系的良性发展。

不光谈话，演讲时采用“一问一答”的方式，也能取得很好的效果。

约翰应朋友之邀，参加一场关于洗衣机的交流会。在会场上，很多人都上台讲话，但是约翰却对一位演讲者印象非常深刻。事实上，这位演讲者的口才并不出众，那天比他讲得好的人大有人在。但是，这位演讲者有个与众不同的地方，那就是他善于采用提问的方式来和听众互动。

那个演讲者讲了几句话后，便来到约翰身边，微笑着问道：“关于波轮式洗衣机洗涤效果的问题，你有什么看法？”

约翰站立起来，稍微思考了一下，然后答道：“这个问题，我的看法是……”

演讲者听了，笑着说：“请坐下。您的看法很不错，我们一定会考虑。那么，有没有人还有其他的看法……”

很长一段时间，每当约翰使用洗衣机的时候，他都情不自禁地想起那位演讲者的话。

事实证明，在演讲过程中，向听众提出合适的问题，可以有效地建立与听众的联系，营造积极的沟通氛围，让听众专心致志地思考你的讲话。

除了认识到“一问一答”的重要性，我们还应该掌握一些问话的技巧，因为只有有效的发问才能让沟通更加顺利地进行下去。

有效的发问方式有两种：

第一种，陌生式发问法。这种发问通常是建立在沟通双方不熟悉不了解的情况下，首先开口的一方容易被排斥被拒绝，所以发问的技巧就显得尤为重要。

第二种，介绍式发问法。这种发问通常是建立在沟通双方想要快速建立起亲密关系的前提下，本来毫无关系的两个人，可能同时都认识第三个人，那么第三个人就成了为这两人搭建关系的桥梁。

让我们来看一则例子：

A、B为保险公司的两名销售员。遇到顾客经过时，A说：“先生，请您买一份保险行吗？”大多数人理都不理地走开了。B说：“对不起先生，打扰您几分钟，我这儿有件东西您一定感兴趣，给我几分钟时间可以吗？”一部分仍旧选择了走开，但其中有一部分人对他说的东西表示好奇，且愿意花几分钟看看是什么东西。

以上这两人的发问方式就是陌生式发问。

B忽然看到一个人，好像有一次见到这个人跟自己的好朋友C常常在一块，便上前去说道：“您好，是X先生吧！我是C的朋友，经他介绍特地向您介绍几款保险方案，相信您一定有兴趣！”

B的这个发问方式就是介绍式发问。

在交谈过程中，采取发问是为了让沟通更有效，同时也是为了拉近沟通者彼此之间的距离，从而达到交谈的最终目的。

典型的例子还有以下几种：

正确：我表达清楚我的意思了吗？错误：您明白我的意思吗？

正确：近期您一定也接到了其他业务员的联系吧？错误：您还和谁在进行保单沟通？

正确：让我再重复一遍这其中的意思可以吗？错误：还需要我再说一遍吗？

于此同时，在交谈的过程中可以多使用“您觉得怎么样”“您有什么看法”这样的问话，会让人感受到尊重和关心。

法则 37：保持足够耐心，不要打断别人的话

“欲速则不达”“心急吃不了热豆腐”，说的是人在生活中需要有足够的耐心，才能达到目标。无论是对理想的追逐还是等待时机，都需要足够的耐心。而生活中，有一件事更需要耐心，那就是管住自己的嘴，不要轻易打断别人的话。打断别人的话不仅是一种极不礼貌的行为，也是一种非常不明智的举动。当对方正在谈论一件事情的时候，不要想当然地就凑过去发表自己的意见，批驳对方的观点。这样不仅对人不尊重，也显示自己的素养不够。人要有点耐心，耐心听别人说完，因为很多时候自己先

入为主的观点反而是错误的，每个人的思维方式都不一样，耐心听别人说完，也许会获益匪浅。

有一个年轻人报名参加了某大学教授的创业讲座，当教授讲到：

“从前，有一个砍柴的，遇到了一个放羊的。于是，砍柴的就和放羊的坐在山坡上聊天，等天快黑的时候……”

讲授还没讲完，年轻人在底下大声地嚷嚷：“然后放羊的领着吃饱了的羊回家了，砍柴的却忘记了砍柴，只能饿着肚子回家。”

“这位朋友说的是通俗的版本，并不是接下来我要说的。砍柴的向放羊的请教放羊的本领，并告诉放羊的哪个山头的树木最茂盛，这就是资源的共享。”被打断了说话，教授虽然不悦，但还是顺利地往下讲。年轻人闹了个大红脸，低着头坐下了。

不仅是演讲这种严肃的场合，就算是我们平常的交谈，也不要轻易打断别人。还未等对方说完就阻断对方，不假思索地发表自己的观点，会令对方感觉到不舒服，有时候甚至会打断对方的思路。换位思考，当你兴致勃勃地在谈论某个话题时，被别人打断，心里也一定不会舒服。即使对方的观点自己不认可，也应该有点耐心，听别人说完，再发表自己的观点。

汤姆·霍普金斯是世界闻名的推销大师，在即将告别自己的职业生涯时，社会各界人士特地邀请他举办一场告别讲座。汤姆·霍普金斯欣然接受了邀请，但提出了一个要求：“参加听讲的人数控制在3000人左右，并且每个人需要提前支付3000美金才能入场，演讲时间控制在一个小时内。”

尽管价钱很高，但还是有很多人慕名前来，全场没有一个座位空着。人们都争相一睹这位名人的风采。大幕拉开，人们惊奇地发现，演讲台的中间由钢丝悬挂着一个非常大的铁球。汤姆·霍普金斯在人群的热烈掌声中走了出来，一句话都没有说。这时候主持人说话了：

“请两位年轻人到台上来。”

汤姆·霍普金斯向两位年轻人说明了规则：用铁锤敲打铁球，直致铁球荡起来。年轻人听明白以后，就拿着铁锤向悬挂着的铁球敲，然而除了一声巨响，铁球纹丝不动。

这时候，汤姆·霍普金斯走到铁球面前，从口袋里拿出一个非常小的锤子，对着铁球，非常有规律地一下下敲着。

台下的观众面面相觑，似乎认为这样做根本不会起任何作用。时间仿佛就这样静止了，观众开始不满了。主持人上台说道：

“保持安静！这么做的确是有道理的，请大家耐心听。如果有人不愿意听下去的话，可以选择离开，我们会将3000美金如数退还。”

于是，很多人都选择了退场。汤姆·霍普金斯仍然在用小锤敲铁球。就这样，又过去了十分钟，台下一阵议论纷纷。这时候，主持人又说了和刚才一模一样的话。接着，又有一部分人选择拿钱退场了。演讲几乎就要接近尾声了，汤姆·霍普金斯却只是在那里用小锤子敲铁球。观众更加不满了，主持人的话和前两次所差无几。于是，又有一部分人退场，场下的观众只剩下十分之一不到。而汤姆·霍普金斯仍然目不转睛地盯着铁球，手上的动作也没有停。就在这时，坐在第一排的一名观众惊叫了起来，大家顺着他的视线望过去，巨大的铁球竟然缓慢地动了！当观众都发现这一奇特的现象时，汤姆·霍普金斯终于开口了：

“没有耐心听别人说话的人，更没有耐心等待成功的时机，那么，他只能用一生的时间去耐心面对失败。”

当汤姆·霍普金斯刚说完，台下就爆发出了一阵热烈的掌声。的确，主持人不止一次地说过这么做是有深意的，请大家保持耐心。然而大部分观众都缺乏耐心，选择离去，以致错过最后一刻的精彩。

耐心听别人说完话，这是一项非常重要的能力。只有耐心听完，才能清楚明白地知道对方想要表达什么。很多时候，我们因为在交谈中缺乏耐心而错失良机。而没有耐心，轻易就打断别人说话的人更是数不胜数，有的人会认为虽然自己打断了对方说话，但是对方却并没有表现出不悦的情绪，因此不以为意。其实，打断对方说话，对方却不会打断你说话，这说明对方更懂得为人相处之道。耐心听别人说话，听对方把话说完，不仅是一种基本礼貌，也是人际交往的诀窍，因为听别人把话说完，才能更好地参与互动，听清了对方的观点、对方的思路，才能更好地与之交谈。谈论的话题和双方思想的交流息息相关，这样才能更好地互动，与人交谈才会愉快，也才能建立良好的人际关系。

法则 38：把自己当成记者，一直发问

沟通和交流的真谛在于互动，这是一个你来我往的过程，而不是单方面输出。善于沟通和交流的人，往往善于发问、习惯聆听、懂得打开话

题、了解如何引导，善于沟通和交流的人也被人们称为口才好的人，因为他们可以像记者一样，一直发问！

然而表达能力优秀的人，不一定是一个沟通能力好的人，也不能由此认定他是一个口才好的人。为什么这么说？表达能力好而不善于沟通的人，他们只会说却不会问，那么也就无法得到继续说的条件。这个条件是什么？就是让话题继续下去。沟通的美妙之处就在于此，你来我往的过程里总是会迸发出很多奇妙的“点”，双发都能在这个“点”上继续各抒已见，等到一个“点”结束，其中又会有人出来继续制造另外一个“点”。制造这个“点”的行为就是——发问，而这个“点”我们称之为——话题。

口才好的人，都善于发问，他们往往能够让自己像记者一样，一直去问问题，以至于交谈不会冷场，在你来我往的过程中，更加了解彼此，谈话热度也会越来越高。当然，发问的前提是这些问题要适可而止，不得过分侵犯他人隐私，尤其在你们还不是特别熟悉的时候。

沟通才能让人达到知行合一的境界，而沟通的起始就是要为沟通创造条件。所以，我们应该学会发问。只有去问，才有机会答。有了答，才有机会分析。有了分析，才有机会总结……

这个过程是一个环状形态，周而复始，简单却不单调。发问的过程除了创造继续交谈的条件外，在某些方面还能提升个人的理解能力、思维逻辑能力以及多角度看待问题的能力等。这不仅仅是提升口才，与此同时也提升了我们其他方面的能力，这些能力都有助于我们更好地去表达，更好地去交谈。所以，学会发问、善于发问、习惯发问对提升口才是一个良性刺激，也因此形成了一个良性循环。

1854年7月4日，弗雷德里克·道格拉斯在美国纽约州罗彻斯特市举行的国庆大会上发表了“谴责奴隶制的演说”，他的开场就是采取了连续提问的方式：“公民们，请恕我问一问，今天为什么邀我在这儿发言？我，或者我所代表的奴隶们，同你们的国庆节有什么相干？《独立宣言》中阐明的政治自由和生来平等的原则难道也普降到我们的头上了？因而要我来向国家的祭坛奉献上我们卑微的贡品，承认我们得到并为你们的独立带给我们的恩典而表达虔诚的谢意吗？”一连四个发问，让听众陷入沉思，从而跟随演讲者的脚步在这场演讲里“走”下去。

陶行知先生在南开中学所做的演讲“学做一个人”的结尾是这么发问的：“诸君还要时常想：中国有几个整个的人？我是不是一个整个的人？”这是个很有新意的发问，听众很可能会想到“整个的人”是什么，难道还会有“半个的人”吗？经过思考之后，听众才明白，原来陶行知先生说的“整个的人”是指身心健康，有独立思考、是非判断能力的人。

这次演讲之后的许多年，许多听众都还记忆犹新。

《论语·公冶长》言：“敏而好学，不耻下问。”古人尚且知此，作为现代人的你，是否也应该借鉴学习？

法则39：“假如……”问出真心话

海伦·凯勒的《假如给我三天光明》，曾经感动了全世界很多人。一个生活在没有光明的世界中的人是如此渴望光明。假如自己的眼睛能够重获光明，哪怕只有三天也愿意为之付出一切。

“假如”是一个非常神奇的词汇，它好比是一张空白的纸，可以填补人的很多愿望。“假如”，就是“假设”，这样的话语就因为它和现实的相反性，所以往往暴露了人们内心最真实的想法。《大话西游》里的至尊宝，在决定陪唐僧去取经的最后一刻才用“假如”说出了自己的真心话：

“曾经有一份真诚的爱情放在我面前，我没有珍惜，等失去的时候我才后悔莫及，人世间最痛苦的事莫过于此。如果上天能够给我一个再来一次的机会，我会对那个女孩子说三个字：我爱你。如果非要在这份爱上加一个期限，我希望是——一万年！”

这段经典的台词曾经感动了无数人，让无数人落泪。很多时候，当人开始后悔的时候往往会用“假如”来弥补缺憾。然而缺憾是没办法弥补的，无论是过去错过的人还是做错的事，都会在回忆里留下伤痕。但在另外的情况下，多用“假如”，却能够取得事半功倍的效果，不仅能够阻止糟糕的事情继续发展，而且能促进人与人的良性沟通。在日常生活中，用“假如”来进行问话，很容易就会问出真心话。

小张和小赵同在一家保险公司上班，小张负责在外跑业务、拉客户，而小赵则负责交接，帮助客户办理相关业务。两个人一直以来配合得非常好，无论在业绩上还是在口碑上，都受到公司领导的夸赞。但是到了年底，小张却高兴不起来了。因为，小赵的年底分红奖金比自己的多了一倍。自己整天在外面跑业务，结果却是为他人做嫁衣。小张越想越不服气，在公司年底聚会的时候，对小赵出言讽刺：

“要不是我给你拉客户，你能得到这么高的奖金？”

小赵十分尴尬，但当着总经理的面，什么反驳的话也说不出来，毕竟别人说的也是事实。

小张见他没有说话，只当他是理亏，默认了。而在以后的同事聚会，或者在有很多人的场合，小张总是四处宣扬，说公司这样的体制不公平，而对小赵也总是明里暗里地出言讽刺。但说归说，小张还是继续做好自己的本职工作。小赵心里也是叫苦不迭，但又实在是没办法，因为公司的制度就是这样的，两个人是合作伙伴，不是敌人。没过多久，这话就传到了总经理的耳朵里，于是，小张和小赵就被“请”进了总经理的办公室。

“小张，你觉得自己可以独当一面吗？”总经理抬起头问他。

“当然可以。”小张表现得非常自信。

“既然这样，那假如你和小赵的工作对换一下，你愿意吗？”总经理又问道。

“当然愿意了。”小张暗自窃喜。

“小赵，你有什么意见吗？”总经理又问了小赵。小赵摇了摇头，表示同意总经理的这个决定。于是，小张和小赵的工作就对调了。

在最初的几个月，小张觉得干劲十足，对新的工作表现出了十足的热情和动力。但是没过多久，小张就开始后悔了。因为对调了工作才知道，原来给客户办理业务是非常精细的工作，小张虽然口才了得，但计算不在行，尤其是当客户问到什么时候可以回本，什么时候可以领保险金，是怎样的计算方式等时，这些小张虽然耳熟能详，但是具体数据是怎么来的，却是一窍不通。而且，小赵的年终奖金之所以比自己的高，是因为他们的基本工资没有自己高，因为在外的销售员工作辛苦，所以基本工资高一些。而业务员则基本工资低，但奖金高。实际上算下来，总收入其实是差不多的。小张以前的总收入还要高一些，而且自己本来学的就是销售，在外面靠一张嘴说，拉拢客户，这才是自己最在行的。但是既然是自己一步步把事情闹到现在这个地步的，又怎么好意思开口求总经理换回来呢？

小赵的情形也好不到哪儿去，没有小张能说会道，所以拉到的客户也少得可怜。而总经理在一旁看得清清楚楚。在一次公司组织的聚会上，总经理在活动环节半开玩笑地问小张：

“假如时光倒流，你最想做的一件事是什么？”

“我希望能回到我以前的工作岗位上。”小张毫不避讳地说出了自己的真心话。

小赵也是一脸惊讶，沉默不语。而在这次聚会之后，小张和小赵和好如初，并且两个人还主动去总经理办公室要求换回工作岗位。总经理在训斥过后，也勉强同意了。就这样，两个人又恢复了以前的合作关系。

很多时候，人们在自己做错事或者放不下面子时，有些话总是羞于启齿，觉得不好说出口。即使知道自己错了，知道应该怎么去做，但也总是拉不下脸。而“假如”性的文化，就能够很好地规避这个问题，因为是“假如”，即使对方不领情，也给自己留足了台阶下，所以这样的方式，很容易能够问出真心话。而且，这样的提问方式，也能够使交谈的双方更好地互动，如果不赞同或者表示否定，那么用“假如”也能巧妙地避过，而如果人们都是借“假如”之口说出了真心话，那么就能很好地实现沟通，促进双方的情感交流。

法则 40：这样问话，谁都无法拒绝回答

人心的复杂决定了社交活动的复杂，如果说人心是容器，那么社交活动就是容器里的水，容器的纹路决定了社交活动的样子，而我们，想要在社交场合里游刃有余，必然学会捉摸人心。社交活动离不开说话，离不开沟通，所以提升说话技巧是我们每个人都应该学习的。知道人心所想，顺着人心说话，对方才不会拒绝。

人心隔肚皮，我们不知道说出来的话是否是对方想听的，也不知道说出来的话是不是触及了对方的敏感区，所以有些话在人与人的沟通中是绝对不能涉及的。比如对方的隐私，比如拿对方的相貌体重开玩笑，比如女方不涉及年龄而男性不涉及身高……这些私密且容易触及对方敏感区的话，在沟通过程中能不涉及便不要涉及，除非对方自己提起且无所谓，那么你大可率直、真诚地与人沟通。

人与人沟通的过程里，如果不想冷场，那么必然少不了你来我往这样的过程。抛出问题，则是架起沟通的桥梁。当然，不是想怎么问就能怎么问，想要保持一个愉快的沟通气氛，想要对方跟你无话不说，这样问话，谁都无法拒绝回答。

问话的技巧包括以下几点。

问话要真诚。人与人沟通的过程当中，少不得尔虞我诈，很多时候人们说话都是带着目的性的，一旦被对方窥破，这个问题就会让对方不想回答。所以尽可能地让你的问话没有很强的目的性，尽可能地让人感觉真诚。没有目的性且真诚的问话，谁会拒绝呢？譬如你实在是想知道以对方的实力绝对买不起的衣服为何会穿在她身上，你大可以这么问："这件衣服价格不菲，穿在你身上真好看，快跟我说说是哪位追求者献上的？我太好奇了！"而不是："这衣服你应该买不起吧，是谁送给你的？"我想，如果是被第二种问话方式提问，没有几个人会好声好气地回答，甚至还会引发对方被瞧不起的心理，严重的会直接翻脸吧。

问到对方心里去。很多时候，我们要仔细想想对方想说什么，知道对方想说什么之后，顺势地抛出一个问题，这个问题的回答最好是对方想表达的东西，这样一来二去地，对方会产生"这真是个会聊天的家伙"的想法，从而什么话都愿意跟你聊，甚至会觉得你十分懂他。比如，客人乔迁之喜，邀请你去新房温居，房主的心理大多是希望你能称赞一下室内的装修或者房屋的格局等，你可以顺势地说一些关于房子的话题，赞美与问题并驾齐驱，我想房主一定会十分开心。此时此刻，千万不要去提一些不开心的话题，根据房屋主人的性格，尤其那些东拼西凑好不容易买上房子的人，你就千万不要说："你终于买上属于自己的房子了，可接下来的债务一定会让你烦恼吧？"这类问题会引发被问者的排斥心理，就像不要在喜庆的场合说些丧气话一样，避开雷区，别人自然会愿意跟你交谈。

问对方感兴趣的话题。其实话题的发散通常都是以一个双方都感兴趣的点由浅及深的，比如谈话的双方都对某个作家的某个作品感兴趣，从而展开了沟通。所以，兴趣点是个很关键的点。往往通过一个人所说的话，你就可以判断他的兴趣点在哪，比如他引起话题时都是用什么来做引子，是某场足球联赛进了乌龙球，还是某个明星走红毯出了糗，又或者是哪个国家领导人的发言令人记忆犹新，如此你就可以知道他是关心体育还是娱乐还是政治。假如，你作为主动方想跟某个人进行沟通，你不妨对对方进行一番观察，那些化了精致妆容的女性必然对化妆品很有研究；身上一个品牌的东西超过两件，比如说鞋子和上衣都是某运动品牌的，那么这个人必然对这个品牌的东西很钟情；看他手里翻阅的杂志在哪些板块停留时间比较久，那他必然对哪个板块感兴趣。总之，沟通始于兴趣，终于尴尬。想要对方不拒绝你的问话，你就要学会从对方的兴趣开始提问。

诸如此类的问话方式还有很多，但是万变不离其宗的是，问题的开始多半是站在对方的立场上去考虑的。试想一下，如果对方问的都是你感兴趣甚至是你擅长的东西，那么你是不是就会滔滔不绝地讲起来，因为不是你的雷区，你自然不会“爆炸”。同理，你问的都是别人感兴趣的话题，问话的态度又真诚，在沟通过程中又不断抛出“台阶”给对方，那么对方又有什么理由不跟你聊下去呢？

问话的技巧在于对人心的揣摩。你要摸清人心的纹理，把自己当作对方去问话，自己不愿意回答的问题，对方自然也是不愿意回答的。其实口才的展现也在于此，那些你表达出来的东西如果浮夸不真实又累赘，你自己尚且厌恶，又如何能够让别人喜欢呢？

想要成为口才好的人，想要问出来的问题让别人无法拒绝，首先要让自己成为“别人”。多方位思考，多元化加强，你的口才必定有所提升。

法则 41：听懂之后再回答，避免答非所问

朋友之间如果不能很好地沟通，那么友谊就会出现裂缝；

团队之间如果不能很好地沟通，那么就不能有效的合作；

国家之间如果不能很好地沟通，那么就很可能引发战争。

在日常生活中，我们每个人都在说话，同时也在听别人说话，这是最基本也是最简单的人际交流。但实际上在沟通中，真正能听得懂别人话里的含义，能通过沟通在生活上或者学习上获得进步的人却少之又少。因为真正的沟通非常困难，再加上人拥有非常复杂的思维方式，每个人看问题的出发点也不一样。比如在职场上，优秀的销售员很可能为了保持自己的业绩，在业绩评估的时候不会选择把自己认为最能够提高公司整体业绩的那套方案说出来；有的普通员工即使看到了公司里存在的一些弊端，但不会选择把真实的想法说出来。即使是面对最亲密的家人，学生在花光生活费打电话向父母求助的时候，也只会撒谎说买了学习用品或者学校收费等。每个不同社会身份的人，面对不同的人，会带着不同的目的挑选自己认为合适的内容说出口。因此，沟通实际上是一件非常困难的事情。这些没有说出口的实情，需要我们细心地观察发现。但就算是别人口里说出了实话，也不是所有人都能够听得懂。在和别人进行交流的时候，首先

要做到的就是先听懂对方到底表达了什么，然后再回答，这样才能有效地进行沟通。

每个人在开口说话或者是听别人说话的时候，总是习惯性地站在自己的角度，用自己认为正确的方式进行思考。所以在回答别人的问题，或者进行思考、权衡利弊的时候，就会出现偏差。要想很好地进行沟通，首先要听懂别人在说什么，然后再回答，这样才能够避免出现误解或者给自己徒增烦恼，才能够使回答有的放矢。如果没有听懂对方说的话，那么最好是等对方说完，再虚心求教，这样不仅能够进行互动，而且也能很好地沟通，避免答非所问，让人觉得摸不着头脑。

交谈是双方的事情，既要听得懂对方说的话是什么意思，也要让自己的话能被别人听懂。尤其是在很多社交场合，需要通过对话的形式进行交流，你问我答，我答你问，避免答非所问，这样才能进行很好的沟通。

法则 42：初次见面，千万别问“你的想法是什么？”

人与人之间由陌生到熟悉，是一个循序渐进的过程。在初次见面的时候，很多话都不能开口便问，否则很容易引起对方的不满，也容易造成冷场。在交际场合，有的人总让人感到盛气凌人、不敢接近，有的人总是一副爱搭不理的样子……其实，在初次见面的时候，这样的反应很正常。因为每个人到了陌生的环境，接触从未相识的人，都会有一定的防备心理。

怀特曼曾经说过：“世界上没有陌生人，只有还未认识的朋友。”只要在初次见面的时候表现出自己的真诚，一般人都不会有抗拒的心理。初次见面，礼貌最为重要，称呼一定要恰当，还要看场合。如果想要询问对方的名字，最好先做个自我介绍：

“您好！我叫××，请问您怎么称呼？”

说话的时候一定要面带微笑，目的性不要太强，否则会显得过于做作。即使交谈十分愉快，也不要过分询问对方生活上的事情，否则只会适得其反。因为，初次见面，双方还不熟悉，很多问题不该问，比如“你的想法是什么”这类的问题实在是不合时宜，尤其是在商业洽谈中。

经过中介介绍，有两家公司打算合作。其中一家是手机零部件生产公司，另一家是生产手机核心芯片的公司，这两家公司在中介的介绍下在一家商务酒店进行洽谈。一开始洽谈都进行得非常顺利，但直到最后芯片公司的负责人都没有明确以口头的形式答应下来，因为虽然看到了样品，但生意都不是一次做成的，所以他打算详细地和公司领导商量之后再做决定。但对方公司明显有些等不及了，做零部件的公司负责人看着手边，脱口而出：

“请问王主管，您的想法是？”

王主管当场的脸色就有些为难，当着这么多人的面，总不能说自己回去和领导商量商量吧。想了一会儿，王主管才应付地说道：

“过几天再给贵司答复，今天时间不太够，下次再和贵公司联系。”

说完，王主管就离开了，后来两家公司的合作也一直是拖拖拉拉，最终没成功。

由此可见，在初次见面的时候，问这样的话非常不合适。因为既然是在谈生意，又是合作关系，怎么也应该对双方都有一定的了解。所谓“知己知彼，百战不殆”。生意不是两家公司说能合作就可以合作的，因为要想合作愉快，必须了解产品，了解客户的需求，还需要调查市场。这些后续的准备工作，其工作量也十分庞大。而在第一次洽谈时就问对方的想法，这样的问题其实非常不好回答。如果对方不想这么快就答应或者根本没想法，这让对方怎么回答呢？所以，在初次见面的时候，最重要的不是让对方答应或者承诺自己什么，而是要给自己或者公司树立好的形象，给对方留下好感。这样的话，才会有进一步沟通和深入交流的可能性。

不仅是商业洽谈，与人交往同样如此。每个人在不同的阶段都会认识不同的人，结交新的朋友，没有谁的交际圈是一成不变的。而如果想交新朋友，在第一次见面打招呼的时候，就一定要表现出自己的礼貌和修养，不该问的千万别问。因为第一次见面，面对陌生人，一般人或多或少都会感到不自然，会不自觉地产生防备心理。我们所有认识的朋友都是从陌生人转变过来的，第一次与人打交道，很多人总觉得没什么可聊的，因为双方都不认识，唐突地问也不太好。其实，即使是面对陌生人，只要记住了哪些问题不该问，那么交谈起来也会很轻松。在初次见面，这些问题最好不要问：

“你的想法是什么？”

“你结婚了吗？”

“你今年多大？”

……

这些过于隐私或者不好回答的问题最好不要问，第一次见面就问这些很容易让对方起防备心，也会给对方留下不好的第一印象。有的人并非有意问这些，只是找不到话题聊。其实，第一次见面，并不用刻意去找话题，有时候很随意的一句话就是最好的开场白。比如在某个场合，素不相识的人说的一句话，这句话很容易引起共鸣，这样就很容易打开话匣子。

小雯是一个非常害羞的女孩子，在陌生人面前总是非常腼腆。因为才来公司没多久，即使是公司的同事，小雯也不敢打招呼。有一次，在公司的联谊聚会上，小雯看着同事都聊得热火朝天，只有自己一个人孤零零的。她拿了一杯饮料，正准备喝，这时有个声音传了过来：

“这个酒精浓度很高呢，你要不要尝尝果汁？非常好喝，而且很养生。”小雯望着眼前这个面带微笑的漂亮女孩子，腼腆地笑了笑，从她手里接过果汁，才说道：

“谢谢你……我第一次参加聚会，不太认得这些酒。”

于是，两个女孩子就这么聊了起来，小雯的性格也变得开朗起来了，她开始主动和别人打招呼，说话也很得体，与同事的关系也越来越好了。

其实，初次见面打招呼很有讲究，避免谈论敏感话题，不问不该问的隐私生活，注意这些，基本上就不会出现尴尬的场景。如果聊的话题能够与当时的环境切合，并且是和对方有关的，表现出自己的真诚和善意的提醒，那么在初次见面时就会给对方留下很好的第一印象。

无法说服他？这几招就够了！

法则 43：看清对方是谁，避免鸡同鸭讲

有这样一个故事：

一只小狗捡到一块美味的骨头，它自己吃不完，就想把它送给小兔。

小狗叼着骨头找到小兔，说道："小兔，我们做朋友吧，我把这只骨头送给你。"

小兔不屑地说："你要是有胡萝卜的话，我还可以考虑考虑，骨头你自己留着吃吧。"

在笑话小狗愚蠢的同时，我们也得到启示：说话办事的时候，一定要看清对象。

和一个小孩讲大道理，不可能获得成功；

和一个目不识丁的人谈真理，这是在对牛弹琴；

和自己的上级拉家常，这更加不现实。

说话要看对象，看清对方是谁，才能把话说清楚，不至于得罪人。

有一次，孔子带学生外出游历。一行人来到了偏僻的乡下，没想到

孔子的马挣脱了缰绳，吃了农夫田里的麦苗。正巧被农夫撞见，便扣住了孔子的马。孔子的学生子贡挺身而出，企图和农夫讲圣人的道理，但是无论子贡怎么说，怎么理论，农夫都不以为然，丝毫没有将马还给他们的意思。一行弟子只得干着急，这时候一位名不见经传的弟子站了出来，恭敬地对孔子说：

“老师，请让我去试试。”

说着，他走了过去，温和地对农夫说：“您不曾在东海种庄稼，我也不曾出游西海，但两地庄稼长得一样，我的马怎么能不吃您的庄稼呢？”

农夫听后很高兴，就解开缰绳把马还给了他们，然后说道：“说话明明白白的就是了，怎么能像刚才那个人一样！”

子贡虽然饱读诗书，但千般万般道理对着农夫理论，只能是对牛弹琴。子贡之所以没能要回孔子的马，是因为说话没有看清对象。一个饱读诗书的人和大字不识的农夫对话时，如果读书人不知变通，那么这两个人的谈话只能是鸡同鸭讲，自说自话。说话不看对象，只能徒劳无功。

说话要分清对象，对象的划分有年龄层次的不同、性别的不同、社会群体属性的不同，以及工作中上下级的不同等。说话如果不考虑对象，甚至会给自己带来杀身之祸。

明朝的开国皇帝朱元璋是乞丐出身，少年时期还曾经当过放牛郎，有很多“黑历史”。朱元璋称帝以后，年少时期的两个穷朋友不远千里来到京城，请求一见。

第一个朋友被侍卫领进宫后，一坐下就打开了话匣子：“皇上万岁！

您还记得年少时我们给财主放牛的事吗？有一次，我把偷来的豆子煮着吃，没想到你不小心把罐子打翻在地，大家都来抢着吃。你从地上抓起青豆就直往嘴里塞，结果卡住了喉咙，最后还是我想了一个土办法，让你吞青菜叶子，你这才保住了性命。”朱元璋听后，脸色大变，当即吩咐侍卫：

“将这个胡言乱语的疯子打出去！”

这个朋友被撵出皇宫以后，向另一位旧友诉苦，说：

“明明就认识，非要让侍卫打我一顿……”

这位旧友笑着说：“你等着，让我去求见，保管自己能得富贵。”

于是，这位旧友在朱元璋面前又提起了这件陈年旧事。他走进宫中，见到朱元璋，倒头就拜，说：“皇上，当年微臣和您骑牛去庐州府，亲见您勇猛地打破了罐州城，寻得豆将军，却被逼到了咽喉之地，多亏了菜将军击退敌军，这才取得胜利。”朱元璋听后非常开心，又心知肚明，友人将自己的丑事说得如此妙趣横生，旁人根本就听不懂。朱元璋当下便封了这位旧友做官，使他荣华富贵，享之不尽。

说的明明是同一件事，对象也是同一个人，却得到了两种截然相反的结果。其实，第一个人就是没有分清对象。因为此时当了皇帝的朱元璋再也不是年少时期的放牛郎了。皇帝是最高权力的掌控者，面对他说话，稍有不慎就会掉脑袋。

说话要分清对象，不是简单地分清这个人是谁，而是要清楚这个人所代表的社会关系，以及个人的背景等。如果开口前不会审时度势，不仅不能讨好人，反而会招惹是非。说话不能太过草率，开口就来，而是要看清对象，区分对象的不同特点，适时调整自己，说不同的话，才能营造好的交际环境。

李淑贞是七八十年代优秀的服务员代表，她说话总带有一种亲和力。知识分子来到店里，李淑贞会说：“同志，请这边坐……”

工人来到店里，则是另外一种称呼：“师傅，想吃啥子？”

乡下的大娘进店，又是另外一种说话方式：“大娘，尝个什么？”

知识分子、工人、农民，分属于社会不同的群体，各自也有不同的特点。李淑贞在称呼上就十分到位，用语又十分简便、朴实、真诚，用不同的说话方式适应了不同对象的需要，任谁听了都觉得叫得合情合理。只有说话考虑了对象，才知道说什么话合适，怎么说话更好。古人所说的“言之有礼”，礼指的就是礼节，这就需要我们分清对象，做到有礼有节，说话才能恰到好处，说到对方的心坎上。

说话首先要做到的就是礼貌，在称呼上注意礼节。其次就是要分清说话对象的社会背景，以及与自己的关系，是长辈还是恩师，或者是上级。与不同的对象说话，十分有讲究。只有把说话的对象分清楚了，才能说出恰如其分的内容，也才能够知道该怎么说，说什么，以引起对方的兴趣，营造和谐的话语环境，打造良好的人际关系。

法则 44：立场坚定，从气场上压倒对方

很多时候，是否成功可以总结为在言语上说服与被说服的关系。想说服别人，首先要让自己有气场，说起话来仿佛是吸铁石，让人不得不向你靠拢，不信服都不行。气场在任何时候都具有关键的作用。日常生活中我们经常会说某个人很强势，说起话来与众不同，其实这就是气场所散发出的魅力。

气场是一种无形的力量，会让人汲取正能量。说话有气场并不是盲目自信，而是维护自己的合法权益，如果一个人因为权势地位或者某些原因，连保护自己的合法权益或者表达自己内心真实想法的勇气都没有，那么他说的话一定没有说服力。

在一次招聘会上，有一个刚毕业的大学生去一家生物科技有限公司应聘，应聘的职位是动物营养员。该公司是一家专做宠物饲料和营养食品的公司，因为在全国范围内都很有名气，所以受到众多求职者的追捧。这位大学生和另外一名年轻人“杀入”了最后的面试，录取比例是二比一。

年轻人先进去面试，桌子上放着三包公司生产的饼干。主考官看过简历后提了几个专业上的问题，年轻人都对答如流，最后主考官指了指桌子

上的饼干，示意年轻人品尝并提出意见，年轻人没有犹豫，细细地咀嚼并提出了意见。

等到大学生进来面试的时候，主考官同样指了指桌子上的饼干。大学生皱了皱眉头，眼神坚定地看着主考官，一口回绝道：

“抱歉，贵公司生产的是动物食品，我想这饼干是给动物吃的。而且就算我吃了，我喜欢的口味动物也不一定喜欢，我没有什么意见好提。”

主考官被拒绝，当时脸色不太好，但很快就恢复了平静，让大学生回去等消息。最终的结果是，大学生被录取了。

原来那三包饼干就是最后的试金石，主要考验一个生物技术人员的细心程度还有获取信息的能力，而敢于拒绝尝试的人更是凤毛麟角。

大学生能够被录取的关键就在于他敢于说“不”，并且说话字字有力，句句在理，令人无从反驳，自带一种强大的气场，让人不信服都不行。

与他人说话的时候，气场很重要。而要想说服别人，更加需要强大的气场，从气场上压倒对方。首先，要做到和别人说话的时候直视对方的眼睛，这不仅是尊重对方的表现，也能表现出自己的自信。其次，在说话的时候一定要有自己坚定不移的立场，不要被对方的眼神或者话语上的恐吓吓得节节败退，言语上也唯唯诺诺。再次，说话的时候一定要自信，举止从容。说话要有理有据，不要脸红脖子粗地和对方争辩，而是适时提高自己的音量，逐渐抬高语调，配合肢体动作，眼睁大，说到结尾的时候，声音铿锵有力，戛然而止，这样会起到很好的作用，从气场上震住对方，令人不得不信服。

法则 45：常说“绝对、一定”，提升说服力

许多成功的企业家、创业者都是一个口才了得的说客。好的口才在团队管理中非常重要，尤其是在企业或者团队处于困难时期的时候，好的领袖知道如何说话才有说服力，让团队度过最艰难的时期。有的人充当说客，反而被对方批驳得哑口无言。有的说客一出场，说话句句在理，让人心服口服。

在开口说话的时候，要想说服别人，一定要常用“绝对、一定”“相信我准没错”等词语，这些话非常有吸引力，会给对方一种如果不这么做就会抱憾终身的感觉。当然，这些自信满满的话绝对不是信口开河，在开口之前，说话人一定要有事实依据才行，否则商业谈判合作就不会取得成功。事实依据不是凭空捏造的，最有力的依据就是数据，比如想要说服对方投资自己的产品，首先就是调查市场，分析市场主体人群，形成表格或者数据，这样的调查往往最具有说服力。而说话人在讲述的过程中再充分利用“绝对”“一定”等词语，会让对方潜意识里更加相信。

如果想要说服对方，却经常用“大概”“我估计”“差不多”等模棱两可的词语，那一定不会说服成功。因为对方本来就半信半疑，你说的话又这么模糊不清，这样只会让对方更加怀疑。

在日常的交谈中，每个人对人对事的观点都不太一样。尤其是在争论的时候，其实就是想让自己的观点和看法被别人认同，那么就需要说服别人。要想让别人赞同自己的观点，仅凭观点正确是不够的，还需要说话的技巧。

周琴和邓洁在同一家公司工作，两人在工作上都尽心尽力，在私底下也是非常要好的朋友。两个人经常在周末的时候一起逛街。有一次，两人一起出去，周琴看上了一件蕾丝的连衣裙，试了尺码，都非常合适。当周琴穿着裙子从试衣间出来的时候，非常兴奋地征询邓洁的意见，邓洁却从旁边拿出了另外一件类似款式的裙子，真诚地说：

“我觉得这件更适合你，能衬皮肤。”

周琴当时心里有点不高兴，瞥了一眼价格，还要更贵一些。于是不情愿地拿着那一件裙子去试衣间。

等到周琴再出来的时候，邓洁表现得非常惊讶，不住地赞叹：

“你穿着好合身，真的特别有气质。而且黑色显瘦，真的非常适合你。”

“真的吗?”周琴有点不敢相信，一直盯着镜子看自己。

“绝对是真的，你相信我的眼光肯定没错。”邓洁十分肯定地说。

最终，周琴被说服了，虽然自己更喜欢白色的，穿在身上也合身，但还是略微有点显胖。黑色的就不一样了，完全看不出胖来。

这是日常生活中最常见的说服别人的事例，两个人的观点看法完全不同，要想说服对方，需要一定的技巧。除了善于利弊分析、站在对方的角度考虑问题，还需要头脑灵活、充满自信。要善于找到别人在言谈的时候出现的破绽和站不住脚根的话、再用事实说话，摆事实、讲道理，就能够成功说服别人。说服的技巧犹如战场上行军打仗，瞬息万变，而要想成功说服别人，除了说话需要具有严密的逻辑性，最重要的是势不可挡的气势，而说话的气势需要靠说的话表现出来，只要有事实依据，有足够的自信，那么在说话的时候常用”绝对”“一定”“我敢保证”等这类表示肯定的词语，就能够增强自己的说服力。

法则 46：先说“你说得对”，灭掉对方的火

“希望受到肯定”这种想法往往能够使人们产生动力，这种动力和自尊心、要强心甚至虚荣心息息相关。不论男女老少，每个人都希望得到别人的肯定和认可，除了自我的认可，得到他人的认可在某种层面上来说能够最大程度地慰藉人心。

在与人相处的过程中，最容易做到的就是语言上的肯定。比如小孩做了一件突破自我的事情，家长会说“宝贝你真棒”；比如员工出色地完成了工作上的事情，领导会说“干得漂亮，真有你的”……言语上的肯定是最简单也是最有效的认可方式。

在人际交往的过程中，学会先说“你说得对”是不可或缺的社交手段之一，也是说话艺术的要素之一。

学会肯定别人，才能够让别人聆听你。

我们不妨想一想，每次与人交谈时遇到交换意见的情况，我们开口说的是“不，我觉得……”还是“你说得对，但是”？我想大部分人在遇到意见上有冲突的时候，脱口而出的都是“不，我觉得……”。

其实说话的人本意不坏，只不过是各抒已见而已，谈不上谁对谁错。但是，学会运用说话的技巧与人沟通，一方面展现了你优秀的社交能力，另一方面也展现了你过人的表达能力，更甚者，体现了你的个人修养。那些不由分说，粗鲁打断别人和反驳别人的人，在社交场合都是不受欢迎的。先说“你说得对”，就能瞬间灭掉对方的火。每个人都希望得到别人的认可和赞美。

有一个关于认可的小故事。

猎人甲和猎人乙一起出去打猎，都打了两只兔子回去。猎人甲的妻子看到丈夫打了兔子回来，冷漠地说：“你一天就打了两只小兔子回来！真没用！”猎人甲心里有些埋怨，觉得打两只兔子已经非常不容易了。结果第二天故意两手空空地回来了，目的是为了让妻子知道打猎不是件容易的事情。然而猎人乙的妻子看到猎人乙回来，高兴地说：“你居然打了两只兔子？真了不起！”猎人乙听到妻子的赞美欢天喜地，心想两只算什么，第二天猎人乙打了四只兔子回来。

两句不同的话，在同一件事情上却产生了不同的效果。我们看到的是，肯定和赞美的力量。

我们在和人沟通的时候，要学会肯定和认可。在发表自己的意见之前，先同意他人的观点和意见再抒发自己的意见，会比直接否定别人然后开始说自己的意见效果好得多。比如和上司相处，上司作为管理者的一些主意和想法并不见得可行，作为下属的我们又不能直接去反驳他们，那么我们大可以先认可他们，然后说出自己的想法。至少，在得到认可时，对方愿意听你继续说下去。而不是一开始就被否定，然后谈话意兴阑珊。我想，任何一个人在被人否定时，都无法心平气和地听对方继续噼里啪啦地说下去吧？

和朋友、家人相处同样如此，不管是亲人还是朋友，他们不见得就要毫无理由地包容你。每个人都是思想的独立体，都会有自己的想法和意见。那么，相处时产生思维的碰撞再正常不过。你的骄纵蛮横虽不会让你失去亲人，但是会让你失去朋友。家人的理解和包容是表面上的，他们的内心必定因为你的咄咄逼人而千疮百孔。

“你说得对”这四个字不是多么难以启齿的话语，简单明了，甚至张口就能来。那么，为什么我们不能在与人沟通时巧妙地运用这四个字呢？

在日常沟通里，当没有出现意见相悖的时候，“你说得对”这四个字代表了你的全部认可，会让对方感受到你的肯定，在你的身上便会找到认同感。当出现意见相悖时，“你说得对”这四个字的功用有点类似于“先给一颗糖然后再打一巴掌”，当然这么说有点严重了，也可以说是“先礼后兵”，大抵意思相同。无非是先让对方尝到甜头，再严肃地理论。

某公司策划部的员工被分成两个创意小组展开工作，这两个小队分别由两位“90后”的优秀员工带队。公司一些广告策划方案和营销策划方案皆出自于该部门，好的创意和想法变得极为重要。然而令人意想不到的是，这两个小队的员工虽然是随机分配的，劳动成果却一边倒地偏向了A组员工，而B组总是拿不出像样的方案。老板暗中观察了一下这两组的日常工作，意外地发现两组的领导在说话方面有一些区别，A组的领导善于倾听组员的意见，员工说话时不打断不急躁，接话时永远是“太棒了，你说得对”或者“我觉得这个想法不错……”。这样一来，组员对于创意的提出十分积极，自然而然方案也出得多。而B组的领导说话时往往采用了“不，我觉得应该……”的方式，如此一来导致B组员工发言十分消极。

说话时先说“你说得对”，就能灭掉对方的火，除此之外也能增加对方与你沟通时的好感度，从某些层面上来说，你的一句“你说得对”会让对方潜意识里认为你俩是同一战线的，即便是满肚子的火也无处撒。

由此可见，学会说“你说得对”在说话的艺术中极为重要。

法则 47：用第三人的意见增强说服力

在与人的日常交流中我们经常会遇到这种情况，当和别人因某个问题或者某件事情发生争执的时候，明明自己的观点或看法是正确的，却总是会被对方反驳到哑口无言。这种情况并不少见，如果要想自己的观点被认可，仅仅观点正确并不够，还需要有一定的技巧。在说服别人的时候，为了增强说服力，很多人往往会用讲故事的方式来为自己的观点进行佐证。而在讲故事的过程中，最好用第三人称的口吻进行叙述，这样会更加有说服力。因为第三人称的叙述手法是对客观事实最直接的描述，比第一、第二人称更具客观性，也更加真实直白，更具说服力。

一位职场演讲家在进行演讲的时候就曾经举了一个实例，他是这样进行描述的：

“有一个非常自信的年轻人来《泰晤士报》求职，因为他没有经过任何招聘程序就进杂志社找经理直接问，所以面试经理没有给这位年轻人好脸色。年轻人问道：

“你们需要一位好编辑吗？”

“不需要。”经理给这位年轻人的自信打了负分。

“那么，好的记者呢？”年轻人继续问。

“也不需要。”再一次被拒绝，这位年轻人并没有气馁，仍旧追问：

“好的检字员、排版员呢？”

“都不需要。”经理十分干脆地拒绝道，显得有些不耐烦。

“那贵司一定需要这个……”这位年轻人从随身携带的包里拿出了一块木牌，上面刻着：“名额已满，暂不雇佣。”

经理被这位年轻人的机智回答打动，决定录用他，他就是后来闻名遐迩的编辑西蒙·福格。

职场演讲家在进行讲述的时候并没有说出这位年轻人的名字，而是以第三人称“他”来代替，在讲述的过程中也尽量用客观事实的方法进行讲述，给人一种真实可信的感觉。因为一开始并没有指明年轻人是谁，那么，这个“他”在听众的眼里可以是任何人，“他”的经历和磨难，很有可能听众自己也曾经经历过，会给人一种在讲述事实的感受。这位年轻的职场演讲家，即使是在讲述自己所经历的事情时，在讲述的开头也不是以第一人称“我”来讲述。因为第一人称已经确定了对象，就是讲述者本身。无论讲得多么声泪俱下，引发听众的只会是这些情感：或同情，或觉得惋惜，或觉得能受到启发。而如果用第三人称，用十分客观的方式进行陈述，就会非常具有说服力，因为你的讲述本身就是事实。

要想说服别人，光靠干巴巴的理论或者数据的支撑并不够。我们在试图说服别人时最好加上第三人称的意见，比如：某个名人也是这么说的，他也是这么认为的，等等，这样能够增强说服力和可信度。

第三人称的口吻不会受时间和地点的限制，讲述过程中也非常自由灵活，能够较为客观地反映内容。在很多场合用第三人称都是最合适的。

有一位老师在上课的时候，总有些学生玩手机或者打瞌睡，如果点名道姓指出那个学生并在同学面前进行批评，这样很容易引起那个学生的反感，太过严厉的话也会使学生产生厌学的情绪。为了改变这种情况，这位老师想了一个绝佳的主意，在课堂上讲了一个小故事：

“同学们，我曾经带过一个学生，他的各科成绩都非常优异，除了外语。只要一上英语课，他就会打瞌睡，心不在焉的。”

老师说到这里的时候，底下很多打瞌睡的学生瞬间就醒了。

老师继续说道：“其实呢，只要把英语成绩提上来，他考清华北大都不是问题，我经常这样鼓励他。”

在学生们聚精会神的听讲中，这位英语老师最后才说出了那个“他”的名字，原来是学校里出来的那位全国闻名的高考状元。

在英语老师讲完这个事例以后，很多不爱学习的学生都像打了鸡血一样，上课爱瞌睡、爱玩游戏的情况也得到了很好的改观。

其实，这位英语老师完全可以用“威胁”或者强制性的手段来解决这个问题，可以说“某某同学，上课注意听讲”或者说“某某同学，写检讨，你再这样，就要请家长了”。但这样做只会适得其反，因为老师直接的批评会让学生觉得很没面子，会对老师及其所教的课程产生逆反心理，甚至会导致学生厌学。这位老师采用第三人称的叙述，就很巧妙地解决了这个问题，不仅让学生心服口服，也提高了学生学习的积极性，两全其美。

可见，要想使别人心服口服，第三人称的口吻或者意见是一种很好的说服手段。用第三人称不仅可以使自己的讲述不受限制、灵活多变，还具有很强的客观真实性，能够让听者相信并且思考感悟，这样在某种程度上能够增强自己的说服力，令听者心服口服地赞同自己的观点。

法则 48：不要让情绪暴露你“没有底气”

一个人说话有没有自信，可以从他的话语中带没带情绪看出来。一个真正有内涵的人说话总是处变不惊，即使对方对自己出言不逊也不会轻易生气，而是巧妙地回击。

萧伯纳是英国有名的剧作家，有一次外出散步，遇到一个乘着马车的贵族。道路只有一架马车的宽度，除非其中一方给另一方让路，否则谁都没有办法继续前进。这个贵族早就看萧伯纳不顺眼了，于是坐在马车上，十分高傲地出言讽刺：

“我从不给狗让道。”

这句话明显带着侮辱的意味，萧伯纳却并没有生气。他表现得非常淡定从容，取下帽子俯身鞠了一躬，微笑着说道：

“我正相反。”说完，萧伯纳便恭敬地让开了。

我们不得不佩服萧伯纳的机智，这样巧妙的回击让读者会心一笑。似乎名人说话总是如此风趣幽默，又善于巧妙应对。而我们都忽略了最重要的一点，正常人都会有情绪，任何人在谈话中听到不利于自己的话心里都会不舒服，更别提对方有针对性的侮辱性语言了。名人同样如此，但他们当中的某些人能够控制自己的情绪，无论是愤怒、伤心还是失落，都不会直接表现在脸上。他们不会让情绪暴露自己，反而会隐藏得很好并保持理智，让自己谈吐优雅、从容淡定。然而生活中多的是经不起别人挑唆，或者对方简单一句话就能够让自己失去理智、暴跳如雷的人。

赵刚是名校毕业的应届生，刚到单位工作时他总是特别积极，自己所在的部门无论大事小事总是抢着干，同事有什么忙也乐意帮。赵刚表现得勤勤恳恳，做事踏实。刚开始的时候同事们也都很热情，有什么事情都愿意找他。最初的几个月，赵刚和同事们都相处得非常好，但渐渐地，他却发现同事们都在慢慢疏远他，自己的部门主管态度也转变了，本来有意提拔他，后来的态度却不冷不热，公司晋升的职位也被其他人所取代。赵刚本想一走了之，但自己连原因都找不出来，一走了之实在不甘心。于是赵刚在公司里偷偷观察，有一次听到公司里的两个同事在议论自己：

“赵刚这个人心眼倒是挺好的，就是太过情绪化了，上次我不过是说了一句他的策划方案还可以改进，他当场就不高兴了。”同事小王说道。

“哎，他就是这样的，什么情绪都表现在脸上，他和主管都争执过呢。”另一个同事也附和道。

赵刚没有心思再听下去了，实在是想不明白，自己在他们眼里怎么就变成这样的人了？别人否定自己，难道自己连辩驳的机会都不能有吗？和主管争执也是因为主管并没有真正明白自己这样策划的内涵，难道就不能为自己辩解？赵刚郁闷了一段时间，实在是想不明白，难道非要自己去赞同别人的观点和看法吗？赵刚百思不得其解，于是求助于自己的朋友。朋友详细地听完赵刚的讲述之后，叹了一口气说道：

“原因不在于你们意见不合，而在于你暴露了自己的情绪，即使双方意见不合，心平气和地说出来就好了。不要把你愤怒的情绪表现出来，对方也只是为了工作实事求是，何必给人脸色看呢？”

“原来是我没控制好自己的情绪。”赵刚垂头丧气地说道。

很多刚参加工作的年轻人都认为自己初来乍到应该好好表现自己，因而为了突出自己的能力，总是非常积极主动，工作上锋芒毕露又爱争强好胜。虽然工作能力上表现突出，但往往在细节上栽跟头。说话就是很重要的一方面，我们用语言和别人进行交流时，说话的态度怎么样，对方从你的表情中就能看出来。说话时喜怒哀乐都表现在脸上的人往往没有什么城府，因为对方说了什么话而瞬间变脸色的人相处起来会让人感觉到不舒服。尤其是因为对方的某句话而变得情绪激动，忍不住和对方理论，很有可能会引发一场争执。有的人会说，情绪上来了，理智都抛到九霄云外去了，哪里还管得了那么多。话虽如此，但总有一部分人能够控制自己的情绪，无论对方说的话多么难听，面对针对性的辱骂，也总是能谈笑风生，机智应对。有时候别人的挑衅就是为了激发你情绪的波动，而你如果表现出那样的情绪，这就正中对方下怀，同时也暴露了自己没有底气。因此，面对不利于自己的话语环境，我们更应该淡定从容，这样才能有效地还击。生活中我们会听到很多和自己息息相关的言论，夸赞的、欣赏的，或者是贬低的、不信任的，每个人对自己的评价或许都不一样，不能听到好的评价就沾沾自喜、面露得意之色，听到差的评价就愤怒地为自己辩解。控制不好自己情绪的人很容易得罪人，说话会给人一种“很冲”的感觉。相反，懂得控制自己情绪的人，不仅与人说话能够做到侃侃而谈，而且能表现自己底蕴深厚、虚怀若谷的气度。

法则 49：该笑时就笑，该生气时就生气

关于口才好不好的话题，我们说到过很多次：口才的好坏，语言的表达只是一方面。那些有优秀语言天赋的人，对语言的控制游刃有余，的确可以展现出优秀的口才。但是作为普通人的我们，除了提升对语言的控制能力外，还应该学会借助外力，来使得我们的表达有声有色，而不单单是说话而已。所以，情绪和表情在说话时就显得极为重要了。

开心和生气时的情绪是极具感染力的。这也是为什么，本来在一个人说了不太好笑的笑话之后，其中一旦有人爆笑出声，其他在座的人也会随即笑起来，倒不是说笑话好笑，而是被第一个笑的人给“传染”了。同样，在某个人开了你一个十分恶俗的玩笑之后，你面带怒气地警告对方时，原本在开你玩笑的人也会收起笑容，这是因为你的怒气“传染”给了

他。所以说，开心和生气的情绪是可以加深说话时候的感染力的。当你要表达欢喜时，不妨在说完之后开心地笑起来；当你要表达愤怒时，不妨换上一副生气的面孔，“恶狠狠”地将你胸腔中的怒火发泄出来。如此一来，你想表现出来的东西一定会变得更加深刻。

艾斯是公司里空降的领导，跟他一起坐上华中区域总监位置的还有一个人是皮特。职位一样，汇报对象都是区域副总经理。一个是公司内部晋升上去的，一个是从外面的竞争对手企业挖过来的高级职业经理人。两人见面难免硝烟味有点重。但是这硝烟味似乎只是单方面的，每次“空降兵”艾斯见到皮特的时候，总没有个好脸色。相反地，皮特看到艾斯倒像个没事人似的，该干嘛干嘛，丝毫不受艾斯的影响。两人分别负责华中分公司两个销售部的销售工作，年终的业绩也将直接成为两人去留的标准。

为了鼓舞士气，艾斯和皮特两个人都会在每天开十几分钟的早会，每周结束一周的工作之后进行一次总结晚会。由于皮特是内部晋升上来的人，分管的销售部里也有自己认识的老同事，所以开会的气氛相对轻松，部门任务完成得好的时候，他总会发出爽朗的笑声，然后边说边笑，总结会议开下来大家都嘻嘻哈哈，笑完之后，皮特就会照例进行士气鼓舞：“你们是我见过的最优秀的销售人员，我从没有看到过如此有战斗力的团队，拧成一股绳，谁也无法分开。感谢你们的付出，感谢你们的拼搏和上进，说不定多年之后你们当中会有我未来的顶头上司哦！”说完又是一阵爽朗的笑声，大家都被皮特说的话逗笑了。

销售业绩不好的时候，皮特也是一脸怒火，直接把办公室的凳子摔出了会议室，说道：“你们是在为自己努力，你们的能力仅仅如此吗？不，绝不。我所知道的你们绝对不只有这样的能力，你们远可以做得比现在更好。如果再这么下去，我们都可以离开这家公司了。”皮特的火气似乎可以将整个会议室燃烧起来，他边说边狠狠地拍了桌子，所有人都被他的怒火惊到了。

然而，另一个部门的艾斯则和皮特相反。因为是空降过来的，众人都以为他是有背景的人。除此之外，艾斯似乎也觉得新官上任应该来个“下马威”，这个“下马威”如果搞不好将很有可能失去自己身为华中区域总监的威信，所以他不得不摆出一副“生人勿近”的姿态，每次说话也都尽量简短有力，情绪上也是一成不变的男低音，听起来冷漠又无情。每次部门开会，所有人大气不敢出一个，直到会议结束大家才松了一口气。

到了年末，皮特领导的部门的销售业绩已经远超艾斯的团队，甚至皮特部门的销售额居然打破了公司的历史纪录。有一天，艾斯来上班的时候收到了邮件——关于撤去自己华中地区总监职位的说明。艾斯离开公司的时候，看到了和员工一起庆祝的皮特，似乎终于意识到自己做错了什么。

皮特是上级，艾斯也是上级，但是却因为情绪表达方式的不同而影响了团队的成绩。有时候，话说得好听不代表别人就一定听了进去。艾斯的团队就是如此，尽管艾斯稳重老练，但是他的团队在开会的时候少了互动、少了感情的煽动，无法激起销售人员的内心那团火，所以就算艾斯说得再好，他的下属们也不为所动。但是皮特就不一样了，他该笑的时候就笑，该生气的时候就生气，说出来的话无疑自然而然地带上了情绪，也句句说到了员工心中，这让他团队里的每一个人感受到自己的上级跟自己是站在一条线上的，自己的成功能让他为之高兴，自己的失败也让他为之生气，这让员工感受到并不是一个人在战斗。

什么是好口才？好口才就是讲话说进人的心里，说得让人家动容，那些慷慨激昂的报告、演讲如果是平铺直叙，还能激起听众们的情绪吗？答案是否定的。之所以人们的表达能够说到人的心底，那是因为情绪的交融。情绪“到位”了，表达才能“到位”。

除了笑和生气，还有其他的情绪。想要把话说到人的心底，想要成为一个口才被人称赞的人，你就应该学会合理释放自己的情绪。

法则 50：不要一直强调“我”，要常说“你”

当今社会，人们的自我主观性越来越强，更甚者表现出了极其强烈的个人主义色彩，因此导致了自我、自大的性格特征。这些人常以自我为中心，不论做事说话都带有十分强烈的个人主义色彩，往好了说是主观，往坏了说是自私自利。所以，不想让人觉得你是一个自我的人，首先要改变自己的说话方式。要学会说“我们”和“你”，而不是常常把“我”“我觉得”挂在嘴边。

那些常常说“我”的人，通常主观性比较强。他们通常只关心自己的需求，对他人的需求却置之不理。他们不愿让步，更不会为别人做半点牺牲。极端者甚至信奉“人不为己，天诛地灭”这样的说法。在集体活动中，他们永远扮演的是收益方，坚决不会为他人奉献，受不了被忽视，自我意识强烈。

人内心的活动往往会通过形体、表情以及语言表现出来，所以说话的主观性十分容易让别人对你内心生成一个片面的“画像”。于是乎，常把“我”挂在嘴边的人，就会被别人会认为是自私自大的，只知道以自我为中心。这类人多数受生活环境影响，也是社交活动中大家唯恐避之不及的群体。因为，没有人喜欢和不懂得站在别人立场上考虑问题的人相处，也没有人喜欢自私自利的人。人们都喜欢乐于奉献、善良友好、为他人着想的人。所以，不要让你的说话习惯出卖了你自己。

费曼和琳达是某公司的小组组长。公司组织了一次为期一天一夜的野外真人CS活动，由两个组长分别带领自己的组员参与这一次活动。以队伍为单位，获胜队伍可以获得小组奖金；以个人为单位，最后的存活者也可以获得一笔奖金，且最终成绩计入实践活动考核成绩当中去。活动一开始，场地方会提供每人必要的装备，例如激光枪、睡袋、防水背包、迷彩服等，然后每个队伍可以从场上的其他物件中根据队伍人数选择几样装备，例如压缩饼干、水壶、小刀、指南针等。

费曼作为组长，直接就对自己的组员说道：“我是组长，我来选择几样东西吧。这些东西将带领我们走向胜利。”说罢就自己上去选择了几样东西。

琳达却跟费曼不一样，她对自己的组员说道：“你们每个人选择出自己最需要的一样东西出来，讨论一下，最好不要重复，我最后补充。”琳达组的组员随即开始讨论，最后把需要的东西报给了琳达。

两组队员分别被小车送往了不同的起点，然后正式开始了CS比赛。

活动过程中，费曼说得最多的话就是“我认为这边走不会遇到琳达组的成员……”“我觉得必要时候可以让最弱的成员出去当诱饵，一方面我们行速加快，也不会因为保护她而分心……”“我必须得到掩护……”，他的组员碍于他是组长，为了活动的成绩不得不同意他的意见。另一边，琳达说得最多的话是“你觉得从这边走遇到费曼组的可能性有多大……”“你们要保护好自己，不得独自行动……”“如果可以的话，我们几个人都要活到最后……”

比赛到了白热化阶段，为期一天一夜的比赛还有不到一个小时就要结束了。费曼队仅剩下他自己，而琳达队是两个人，但不幸的是琳达大腿“负伤”。这两队人在一处交火点相遇。让人意外的是，琳达对队友说道：“你留到最后才是正确的做法，我大腿负伤不能跑，我出去当诱饵骗费曼露出射击点，然后你击杀他。”说完就站了出去，果然一直藏着的费曼露出了身体，琳达的队友说时迟那时快，抓住了机会将费曼“击杀”，并取得了胜利。

活动的最后琳达组得到了胜利，他们组活到最后的队员也获得了不菲的奖金。活动中费曼很专断很自我，事实上他在工作中也是如此。说话做事永远是一副“我是组长我说了算”的架势，同组的队员敢怒不敢言。后来没过多久，费曼的小组因为业绩不佳解散了，费曼成为了琳达的手下。让费曼惊讶的是，琳达的处事作风和自己简直千差万别。费曼一直不明白琳达为什么这样做，直到有一次琳达对费曼说：“只会说‘我’的人永远得不到别人发自内心的尊重和支持。”从那以后，费曼改变了自己说话做事的方式，终于在后来的票选中获得较高的支持率，在众多成员中再一次成为小组长。

事实告诉我们，自私自利，以自我为中心的人是得不到认可和支持的，尤其是你无权无势的时候，你所有以自我为中心的做法只会让大家远离你、避开你。作为领导和长辈，你的自我得到别人的默认不是因为你的做法对，而是他人碍于你的身份而选择沉默，一旦你没有了这些身份，你的作为和说辞只会让自己显得难堪。

不要常把“我”挂在嘴边，更不要把“我”放在心的最中间，要学会为他人考虑，学会奉献，学会共赢，学会说“我们”，学会说“你”。

胆大心细，真话也好听

法则 51：不做无谓的争辩，只表述自己的理念

在日常生活中，我们经常会和别人发生口角之争。发生争执的原因非常简单，小到一件小饰品、一件衣服，甚至对方说了一句不中听的话，这些都会引发我们和朋友甚至亲人之间的口角争辩。争辩几乎无处不在，有的争论是因为双方观点不同或意见不和，但更多的时候，人们的争辩只是为了“争一口气”，或者是出于想让对方服从的心理。有的时候，即使是正常的辩论赛，也会演变成“口水战”。双方的争辩到了“口水战”的地步，对对方进行人身攻击，这些争论只能是毫无意义的争辩，因为带进了非常浓重的个人情绪的争辩是毫无逻辑可言的，也没有多大的意义。即使在口舌上占了上风，对方也绝对不会心服口服。即使表面上服了，心里也很有可能十分不屑。

比尔是一位非常成功的推销员，连续几年在公司的销售业绩都是遥遥领先。但是在刚刚接触销售这个行业的时候，比尔也遇到过不少非常棘手的顾客。比尔所在的公司主打的产品是家用电器，主要是冰箱、洗衣机、油烟机之类的。比尔刚到公司的那段时间，公司推出了一款新型的全自动洗衣机，非常实用、方便、快捷。比尔记得当时有一位中年人来到店里，

后来一问才知道，是家里的洗衣机坏了，想给家里重新买一台洗衣机，毕竟人岁数大了，很多活儿都干不了了。

当比尔非常热情地向他推荐这款新型的洗衣机时，中年人却摇了摇头：

“就没有以前的那款洗衣机了吗？”

“这款新型的洗衣机就是在旧款的基础上设计的，而且您完全不用担心不会使用，只要把衣服放好，接通电源，再选择相应的洗衣模式，就完成了。真的非常好用，而且价格还很实惠。”比尔一口气说了很多。

“是吗？我怎么觉得还是旧的好。”中年人有点不相信，环顾店的四周，还是想找到和以前的那款相似的洗衣机。

“当然是真的！”比尔非常确定地说，当时就拿来了旧款的说明书和很多参考数据，包括旧款和新款的容量、功能及清洁度等的对比。在这样强大的数据面前，中年人不得不承认比尔是对的，但是中年人却什么产品也没有买，就离开了。

比尔非常纳闷。其实，他犯了一个常识性的错误——“有理”。因为觉得自己“有理”，所以说话的时候毫无顾忌。对方不赞同自己的观点，为了让对方赞同，所以和对方争辩，凭借的就是自己“有理有据”。因为“有理有据”，所以只要我把理由和证据摆出来，你不得不信服。其实，这在销售行业看来是“大忌”。无论你销售的是什么产品，无论你吹嘘自己的产品有多么好，有的顾客都总是无动于衷。和顾客争辩是最没有意义的，只会是得不偿失。只要适当地表述自己对产品的基本理念，还有功用就可以了。如果把顾客逼到“死角”，有种“你不买我的产品就是没眼光”之类的意味在里面，就带有了明显的争辩意味，也没给顾客留下喘息的空间，这样只会适得其反。

在日常交流中，很多人都会犯这样的错误。因为自己“有理有据”，所以说话总是理直气壮，“得理不饶人”，最后演变成无谓的争辩。要知道，即使自己“有理有据”，也不一定就拥有好的口才。真正的好口才，说话之人总是能让对方心服口服，并且赞赏自己。因此，如果在谈话中觉得自己下一步可能要和对方进行争辩了，最好先冷静下来思考，问自己几个问题：

1.这样的争辩有意义吗？能解决问题吗？

2.我说出的这句话是否带了自己的主观情绪在里面？

3.我的话前后之间是否有逻辑？

4.这样的争辩有结果吗？我是不是在白费口舌，而且伤害了彼此之间的感情？

在打算和对方进行争辩之前先想清楚这几个问题，我们就能避免一场无意义的争辩。不和别人进行争辩不代表自己怯懦了，或者表示自己向对方屈服了，无意义的口水仗只能是口舌之争，丝毫没有触及到问题的本质。在争辩的时候，只需要表述自己的理念即可。如果对方针锋相对地指出你的理念有问题，此时千万不要和对方进行争辩，因为接下来很可能会演变成一场无谓的争辩。这样带情绪的争辩不会有很好的结果，谁也不能真正说服谁。每一个人都有自己的习惯思维方式，每个人的价值观不同，看问题的角度也千差万别。想要改变对方的价值观或者思维方式，这不是仅仅通过一场争辩就能够做到的。只要明白这个道理，那么在交谈中只需要表述自己的理念即可，即使对方不赞同，也不要急于去修正对方的看法。应该树立“求同存异”的观念，那么就能够多理解对方，理解和自己观点不一样的看法，这样也就能够多一些大度，少一些无谓的争辩，在人际交往中也能很好地和别人相处，让自己成为受欢迎的人。

法则 52：以心换心，让对方体会到忠言里的关切

忠言是善意的提醒和帮助别人的言论，它在我们建立真诚的人际关系中发挥着不可或缺的作用。但往往忠言逆耳，这是我们以往的认知，为何一般人都觉得忠言不好听呢？

人是感情动物，往往容易受到感情支配，有时候大家心里都有理性的认识，但这些道理从别人口中说出来，我们就受到反面情绪的影响，内心自然抗拒忠言。

有这样一个真实的例子：

刚实习的会计小李由于粗心大意弄丢了一张凭据，受到上司批评后，小李回家把此事告知了他的母亲，而母亲知道他犯了如此严重的错误，也批评了他一顿："做会计就是要细致，你不改正粗心大意的习惯，往后很难再这一行业立足，你要尽快纠正自己的工作态度。"

这番话也是对小李的忠告，但在小李情绪受挫的情况下，他非常抵抗这样的说辞，于是与母亲大吵一架后出门。小李内心也清楚这些道理，可受到逆反心理的支配，母亲的这剂"苦口良药"也就白费了，反而起到了反作用。

中国有句古话叫作“人心换人心，八两换半斤”。在我们与他人沟通中亦是如此，再好听的话，如果没有站在对方角度去考虑，它也失去了自身的色彩。在劝告别人时，仅有为别人考虑的愿望是不够的，我们还要掌握好忠言的技巧，才会容易让他人接受，发挥忠言的效用。

我国历史长河中流传着一段君臣佳话，这两位就是唐朝盛世中的唐太宗和魏征。可以这么说，唐太宗造就了谏官魏征，魏征成就了明君唐太宗。虽说魏征以直谏著称，但也不意味着他的忠言毫无技巧，偶尔在特殊情况下，他也会以文采雅兴来暗劝唐太宗。

贞观十一年，唐太宗带领群臣来到洛阳巡视。在洛阳宫西苑宴请完文武百官后，一行人又泛舟积翠池，看着两岸的秀丽景色和美轮美奂的宫殿，唐太宗对大臣说：“隋炀帝当初大兴土木修建这些宫殿别苑，劳民伤财导致民反，落得一个身死异乡的下场，如今这些都归我所有。隋朝国亡，与奸臣助纣为虐、阿谀奉承有极大关系，你们现在就要以此为戒啊！”唐太宗谈完此事，随即诗兴大发作诗一首，紧接着要群臣赋诗作兴。一个国家仅有忠臣还不够，还要有一贤君才能有太平盛世。

魏征内心正想给唐太宗进献忠言，遇到此机会立即当仁不让，胸有陈竹作出一首《西汉》。魏征在这首诗中以西汉初年汉高祖、汉文帝、汉景帝等年轻有为的皇帝为例，指出帝王贤明，执政有序，文武兼修，爱戴民生，才能得到百姓的尊重支持。魏征站在唐太宗的角度为他考虑，并未当着文武百官扫了唐太宗的颜面，用诗徐徐道来，希望唐太宗做一位贤明的君主。而唐太宗聪颖过人，一听此诗当下了然魏征的良苦用心，十分激动地赞扬了魏征，也把这番劝言深记于心。

我们对他人提出忠言，根本出发点是为了对方好，所以必须要以心换心地替对方考虑，才能让别人明白我们的一番心意。魏征的例子恰好证明了这一点，倘若他当着文武百官的面直接对唐太宗说："隋朝的灭亡还是因为隋炀帝的骄奢淫逸，你要做一个勤政爱民的君主"，那么唐太宗失了面子，定然不会听进去，甚至会勃然大怒，历史上也就少了这样一对君臣的佳话。若想让对方体会到我们言语中的好意，就不可疏忽大意，如果直接灌输一些大道理，这很容易让人误解我们在教训他们，产生一些反感情绪，于是就导致了忠言逆耳的局面。

要做到以心换心，我们还要懂得如何倾听和问问题，当对方说出自己的困惑或者难题时，我们要仔细倾听他们所说的话，站在他们的角度帮助分析问题，并且找出其中的关键，只有了解情况才能对症下药，这样才能做到以心换心。我们还要弄清楚一个关键，提出忠言并不代表指挥他们怎么做，像"你应该这样……""你不能这样做……"之类的话，这更像是我们替他们决定事情，让人产生我们自以为是的误解。说话时的语气也要诚恳，既不能盛气凌人也不能过于唯唯诺诺，因此我们一定要谨言慎行，把握好忠告的技巧。

《培根论说文集》中提到，"人与人之间最大的信任就是关于进言的信任"。善意的忠言犹如春风唤雨滋润了万物，冬夜暖炉温暖了人心。朋友之间的忠言拉近了彼此的关系，建立了真诚的友谊；同事之间的忠言减缓了竞争的压力，建起了合作的桥梁；亲人之间的忠言跨越了年龄的鸿沟，拥有了和乐的亲情。

忠言在人际关系中如此重要，我们更要有技巧地发挥它的作用。忠言未必逆耳，倘若我们运用得当，对方也能感受到我们的善意。圣人孔子曾曰：“忠告而善道之”，大意就是我们要忠诚地去劝告别人，恰当地引导他们。当我们将心比心地说出忠言，他们自然而然地也能感受到我们言语中的诚意，使忠言利于耳。

法则53：有一说一，不夸大不浮躁

语言已然成为我们现实生活中人际交往的重要工具，但它也是一把双刃剑。倘若运用得当，我们可以结交朋友，获取资源和得到支持等；若是用得毫无章法可循，则反之。在两者之间，实际就是智者和凡人的区别。

孩子看到新上市的手机，吵着要他爸爸买。爸爸表情严肃地说：“你现在的手机没坏又不卡，父母养家不容易，有本事好好学习，将来赚钱，自己想换什么都不拦着你！”这是有一说一，有二说二。

爸爸见孩子在房间一直玩电脑，于是让他出门活动身体，孩子说：“上了一整天课，太累了不想动。”爸爸张嘴就说：“你每天坐着不运动，你还喊累？你上学能有我工作辛苦？”像这样就不叫有一说一，而是自以为是。

我们理解“有一说一”的含义，不是指你想说什么就说什么，而是根据事实情况来用语言描述，若夸大其词就很容易变成自以为是。所以，我们在与他人谈话时要有一个基本原则：己所不欲，勿施于人。我们可以直言不讳地表达自己的想法和感受，但不要仅凭借自己的主观臆断去对事情或人做出评价和判断。

在网上，我们经常见到“90后”是叛逆一代诸如此类的说法，每个人都是世界上独立的个体，仅凭借一些特例就来概括一类人，这种说法未免太过狭隘，让人听来甚感不适。

海明威也经历过这般“待遇”，他为此深有体会。

当年，海明威正居于巴黎专心创作他的文学，打通他通往世界文学殿堂的道路。然而人无完人，文学家也会有马失前蹄的时候，他前期作品中的一些毛病也被庞德、乔伊斯指责过，海明威也虚心接受这些纠正。

有一天，斯泰因给车加油时遇到一个态度差的加油站工人，来找海明威吐槽，说着说着就开始对他念叨：“你们这代人啊，都是迷惘的一代。”海明威听到这句话就生气了，两人最后闹得不欢而散。斯泰因觉得自己是直来直去的性子，他说的这些话没有任何问题，但在海明威看来，这就是一竿子打翻一船人。

斯泰因可以因为加油站工人的恶劣服务态度生气，但他的语言表达中囊括所有这一代人，连海明威也在其中。我们在做评价和判断时，要想清楚我所表达的意见是否客观？是否带有攻击性？在谈论中涉及对他人的论断时，谨慎些并不是什么坏事，这和是否坦率没有任何冲突。

除此之外，我们在发表自己的观点时要基于一种真诚的态度，有一说一，不要过分夸张，否则让人觉得你态度虚伪。

有个小伙子去相亲，出门之前家人叮嘱他嘴巴要甜一点儿，多说好听的话。见面之后，小伙子第一句话便说：“你长得真漂亮，皮肤很好，是我见过的最美的女孩。”

女孩子不冷不热地看着他，态度敷衍地聊了几句话，便借口告辞了。

原来，女孩子脸上长满雀斑，长相一般。她虽然性格不错，可也受不了小伙子言不由衷的赞美，反而觉得小伙子是故意说这些话让她难堪呢。

由此可见，对女孩的长相表示赞美没错，但是一定要说得合适、合度。如果言不由衷，或者过分夸张，反而会引起对方的反感。

有一说一并不是单指一种说话方式，往深处去想，这是我们做人的一种真诚态度，而“真诚”是拉近彼此距离的一架桥梁。设身处地想一下，倘若我们面对一个说话浮夸、浮躁油滑的人，愿意敞开心扉去沟通交流吗？关于怎样说话，孔夫子也是费尽心神，“君子欲讷于言而敏于行”。他告诉我们，没有把握的话不要乱说，当我们在不了解事实真相的情况下，妄自揣测也许会伤害到他人。有一说一，有二说二，不要满嘴跑火车，夸大浮躁的语言反倒容易适得其反。

如果我们没有舌灿莲花的口才，就不要讨巧去演绎夸张的说辞，有一说一，说实诚的话，做无愧的人，也会让人心生与我们交谈的兴趣。

法则 54：真话也要分场合，给足对方面子

人们常常教育小孩子要讲真话。然而并不是什么场合都适合说真话

的，换言之，真话也要分场合，这样才能避免很多尴尬的场面。在任何场合都说真话的人，人缘其实并不好，因为身边的朋友总是会提防他在某个公共场合把自己的“丑事”抖出来，闹得人尽皆知。俗话说“到什么山，唱什么歌”，说的是唱歌要看清场合，因地制宜。说话也是这样，讲真话也要分场合，场合对谈话的内容具有绝对的限制作用。如果在庄严肃穆的场合嘻嘻哈哈，在领导开会的时候窃窃私语，谈论工作上的趣事，这样不分场合地说话无疑会给自己的职业生涯埋下隐患。

许攸是《三国演义》里著名的谋士，许攸本是有才之人，在投奔曹操以后受到曹公的厚待。曹操对许攸也是尊敬有加，这更让许攸得意，于是他就看不起同战营的其他谋士了。许攸献上一连串妙计助曹操打败袁绍，立下了汗马功劳。许攸甚至不把曹操放在眼里，他认为如果不是自己的深谋远略，曹操不会壮大到现在这个地步。在许攸献计助曹操夺下冀州城后，曹操为庆祝自己旗开得胜，特地邀请所有的部下举办了一场聚会，在这次聚会上，许攸却因为一句话断送了自己的性命。在聚会上，他当着曹操及众多谋士的面，直呼曹操的小名：

“阿瞒，如果不是我的计谋，这座城池你能得到吗？”曹操的大将许褚听了这话，当场大怒，拔刀就杀了许攸。而曹操也只是责备了他几句，并没有任何军法上的处置。可见，即使许攸为曹操立下过汗马功劳，曹操对于他的死也并没有任何惋惜。阿瞒是曹操小名，但许攸却在这么庄重的场合下当着曹操众多部将的面说出来，语气又如此傲慢，连曹操的大将许褚都看不下去了，更何况曹操本人呢？许攸因为不懂得说话要分场合而断送了自己的性命。他被杀正是因为在庄重的场合说了戏谑的话，尽管他说的不假，但却因丝毫不顾及曹操的面子，而最终引来杀身之祸。

真话也要分场合，这样才能给对方面子。有的真话确实不适合在庄重的场合下说出来，否则只会是适得其反。关系比较好的朋友，即使是在聚会这些氛围比较轻松的场合，也不应该全部说真话，这样朋友的面子会挂不住，也会影响彼此之间的友谊。

小王和小赵是同事，私底下也是很好的朋友，两个人对彼此的生活习惯也比较了解。两人平时经常互相开玩笑，关系似乎还是挺不错的。然而在一次公司组织的聚餐上，大家都在聊生活趣事，大大咧咧的小王清了清嗓子，说道：

"有一次，小赵打电话给我，我琢磨着是什么事呢？结果跑过去一看，原来小赵住的那栋公寓停电了，小赵住在八楼，煤气罐他一个人扛不上去才叫我帮忙的，你看他这个体格，实在是不像个大老爷们！"

小赵听完脸色煞白，紧张地看着其他同事，脸上十分尴尬。这次聚会之后，小赵主动和小王疏远了，两人变得像陌生人。虽然他们本来是好朋友，但小王在这么多同事的面前揭小赵的短，实在是一点儿也不给小赵面子。小王说的话也许不假，小赵自己的缺点或者不足虽然是真实存在的，但在众多的同事面前说出来，大家就会知道：小赵的力气不大，身子骨不强壮。这些也许只是小王没有考虑周全，并非故意，但却真的让自己的好朋友下不来台。这话在私底下说小赵也许还并不在意，但在聚会这种场合说，小赵只会认为小王故意让自己难堪。小王就因此断送了自己和小赵的友谊。

还有这样一个例子：

一次，公司要招待一名重要的客户。为了表示重视，公司副总亲自作陪。饭局定在一个豪华包间里，宾主把酒言欢。推杯换盏之后，客户不胜酒力，把手放在副总肩膀上，带着醉意说：“‘五花马，千金裘，呼儿将出换美酒。’今天的酒不错，诗仙杜甫也不一定有此口福呀……”另外几个客户听了，纷纷附和。有的说：您真是风雅之人；有的说：唐诗张口就来，有墨水……副总秘书小张当时也在座，他突然大声说：“不对，诗仙怎么成杜甫了？”

众人一听，都愣了一下。不知是谁说了一声：“喝酒，喝酒。”大家这才接着频频举杯，将事情一带而过。可是，小张却还在那里嘟囔着：“诗仙明明是李白，这不是张冠李戴吗”，却丝毫没有发现副总的脸色越来越难看。

第二天，副总把小张叫到办公室，严厉地批评道：“应酬是应酬，学术是学术。昨天那是我们公司的大客户，说错了一句话有什么要紧，你非要当场揭穿。你以为就你一个人学识渊博，别人都不懂谁是诗仙、诗圣？你要记住，酒后之言不是学术研讨，你何必那么较真。记住，以后说真话也要分场合，记得多给别人台阶下。”

可见，并不是任何场合都适合把真话说出来。因为在正式的场合，无论是个人还是集体都非常注重面子，如果贸然在不恰当的场合说真话，很容易得罪人。说话合乎场合，语言得体大方，才能在社交场合中胜人一筹。

法则 55：表达是一门技巧，让真话更动听

在日常交流中，人们都希望双方能够坦诚一些。讲真话，体现了一个人真诚的态度和豁达的性情。但是真话不是什么场合都能说的，因为有的场合不适合讲真话。比如在酒席上，一个酒量很好的朋友打算戒酒了，当其他的同事问你的朋友酒量怎么样时，你如实以告，酒桌上的其他人则会肆无忌惮地灌你的朋友喝酒。这样一来，你的朋友也无从反驳，只能喝。所以说，说实话也要分场合，如何表达更是一门技巧。在有的场合，实话实说的确是没有错的，这能够表现出一个人的真诚态度。现在很多明星不仅拍电视剧、做生意，而且还出书，几乎所有挣钱的领域都会涉及，毕竟本身的知名度在那里，做生意比普通人会更容易起步。

马伊琍在接受采访的时候，曾经被问到：

“会不会出书？”

她的表现十分坦率：“不会，如果每个演员都出书，那么人人都可以成为作家了。在我看来，作家是非常了不起的人，可以用自己的文字影响别人的思想。如果要出书，就必须对自己的读者负责，出书是一件非常重大的事情，我现在还没有达到这样的高度。”

当今社会，知名演员出书的情况非常多见，很少有人会去关注这本书的思想内容和精神境界。而马伊琍如实的回答，让主持人非常钦佩，实话实说更体现了马伊琍在媒体面前的坦然态度。而在有一些特定的场合，说真话反而显得不妥当。有时被别人问到，虽然不好回答，但也绝对不能说假话，这个时候，用迂回的方式表达出来也是一种很好的选择。

2008年北京奥运会取得了举世瞩目的成就，让全世界认识了一个全新的中国。而在奥运会紧张的筹备阶段，开幕式的总导演张艺谋总是会受到很多媒体的不断追问。开幕式的准备工作进展如何？会有哪些明星出席？会有哪些节目？……一直避而不答也不是长久之计，终于有一天，张艺谋接受了记者的采访。

记者：“奥运会开幕式会以怎样的方式开场呢？”

张：“根据国际奥委会的规定，我在两年前就签署了厚重的保密协议。我觉得这也是为所有的观众着想，最终的目标就是给全世界观众一个惊喜。就像拍电影一样，我肯定不能在上映之前就把内容告诉大家，不然也就没有意思了。我希望找到一个人性化的充满感性的切入点。我可以告诉大家，这个表演我们首先要说的一句话是“我们是谁”，然后要告诉全世界“我们与你们是一家人”。

张艺谋先亮出了保密协议，委婉地告诉记者自己不能透露任何消息。因为记者的提问往往也代表了广大人民群众的心声，直接拒绝，或者任何消息都不透露难免会让观众失望。所以，张艺谋随后又说开幕式的切入点，这样欲说还休的方式让观众更加期待奥运会的到来。现在我们知道张艺谋所说的切入点，指的就是08年奥运会开幕式上众星云集所唱的歌曲

《我和你》。可见，当时张艺谋所说的的确是大实话。这样迂回地说真话的方式非常适用于这类场合，也充分说明了表达的技巧有多么重要。

真话往往是既定的，但在表达上却可以有不同的方式。只要表达到位了，再令人不快的事实也会让人心服口服。还有一种说真话的方式，会令人听起来非常愉快，那就是幽默地表达，幽默会让交谈变得十分轻松愉快。

易中天在《百家讲坛》上用自己独特的语言幽默风格解读历史，这使他赢得了许多粉丝，但同样也遭到了很多非议。易中天曾经把历史比作“发酵后蒸出来的白馒头”，当被记者问到如果争议越来越大，是否还会继续坚持“做馒头”，易中天教授是这么回答的：“我这‘馒头’本来就不是给他们吃的。《百家讲坛》对听众有一个定位，我也对自己的听众有一个定位。我的定位是：讲给喜欢历史的非专业人士。这个话说得比较拗口，是怕得罪人，其实说白了就是：一个外行讲给外行听。没请你内行来听。我没请你吃这“馒头”，你干吗要说这‘馒头’好吃不好吃，这‘馒头’好吃不好吃关你什么事？人家有人喜欢吃这口儿，你在旁边老说这‘馒头’不好吃，这什么意思？”

其实对易中天的争议主要来源于历史界的“专业人士”。易中天用幽默的语言间接讽刺了那些指责自己在《百家讲坛》解读历史太过浅薄的“专业人士”，又说明了自己解读历史的方式本来就是给那些对历史不太了解的普通人听的。这样巧妙的回答方式很好地为自己进行了辩解，而且坚持了自己的态度。

无论在什么时候，讲真话都是一种难得的品质，这样的道德品质会促进人与人之间的坦诚相待，有利于形成良好的社会风气。但需要注意的是，在说真话的时候一定要分清场合，针对不同的背景和环境特点，要“对症下药”，采用不同的表达方式。只有这样，说的真话才会一语中的，也才会更加动听。

法则 56：简单明了，比反复唠叨更容易接受

南隐是日本非常著名的禅师，有一位日本当地著名的成功人士特地去拜访南隐，打算向他问禅。名人见了南隐以后，一直喋喋不休地诉说着自己这几年在商场打拼的各种事迹。南隐在旁边听着，一句话都没有说。南隐拿着茶壶不停地向茶杯添水，即使茶杯眼看着就要满了，南隐也仍旧没有停下手中的动作。名人看到了，忍不住着急地说：

“不能倒了，已经满了！”

南隐这时候才说：“你就像这只装满了茶水的杯子，如果不把杯子里的水倒掉，我该怎么对你说禅呢？”

名人羞愧地低下头，才反应过来自己刚才的喋喋不休多么没礼貌。

有时候如果向别人求教，自己却在一旁喋喋不休，这样反而学不到知识。生活中也是这样，在人际交往中出于某种目的说话绕弯子，或者对某

件事情反复唠叨，希望对方能够吸取教训，这样做只能是适得其反。

有两个从乡下来到城里打工的人，经乡里乡亲介绍来到杭州当搬运工，找到了乡亲小张。因为他们是同乡，两人想着在这打工以后也好有个人帮衬，所以就来到了小张的家里。到了城里才知道，城里的物价、房价都非常高。两个老乡不好直接开口住小张家里，但是城里的消费又实在是承受不起。于是他们就打算投石问路，先对小张诉说了打工的辛苦：

“城里生存太不容易了，我们没知识没文化的人只能当搬运工。”

小张笑了笑，也解释了下城里的生活就是这样的。

“我是乡下老母亲生了病，不然的话我也不会来城里赚这个辛苦钱。”另外一个老乡又说道。

“老人家没事吧？”小张十分关心，当初自己也是吃了很多年的苦才在城市立足的。

“暂时身体还行。”老乡回答道。

“你们这房子很贵吧？”另外一个老乡又问道。东拉西扯，两人都舍不下面子开口，说话就是反复说城里消费高、物价贵等，就是说不到重点上。到最后，其中一位老乡才咬了咬牙，开口道：

“现在打工这么难，租房子又贵，没有合适的，没办法的话只能回乡下了。”

小张总算是明白了，老乡的言外之意是要借宿？小张本来也是一个非常热心的人，这两位老乡也是母亲介绍过来的，而且家里还有空房，自然就答应了。两位老乡对他千恩万谢。

说话绕弯子，有时候会让人摸不着头脑。反复唠叨，有时候却一句话都说不到点子上。在人际交往中，说话简单明了才能让人感觉到和你交流是一件非常轻松愉快的事情。平常和朋友聊天说话的时候可以随心所欲，即使一件事情反复唠叨也无伤大雅。但在很多场合，反复唠叨却是“大忌”。例如向自己的上级汇报工作的时候，汇报内容不仅繁杂冗长，还反复唠叨自己认为重要的事情，这样的话只会让上级觉得你啰唆，而且说话没有重点。其实在汇报工作的时候，并不需要事无巨细，只需要汇报这项工作进展如何。

在日常生活中，说话简单明了，比反复唠叨更容易让人接受。有的人说话总是喜欢反复唠叨，虽然自己知道这样的习惯并不好，但话一说出口，总是刹不住车。其实，口才同样也是需要训练和培养的。要想让自己的话变得简单明了也十分容易，就是自己多训练。首先就要避免用非常专业又晦涩难懂的词语，在说话的时候尽量选取那些通俗易懂的词语。在开口前先整理好自己的思路，先说什么，后说什么，要整合自己的词汇，选择最简短的话表达出来。如果要强调某件事，最好先概括性地总结出一句话，然后在需要强调的时候说出即可。而且在说话的时候最好控制好时间，要把一件事情说清楚，最好在三分钟的时间内讲出事情的来龙去脉。还有一个诀窍就是先说结论，然后再慢慢讲述事情发生的原因、经过和结果。先说结论就是总结了自己对事件的看法和态度，这样简单又明了，别人听完事件后，也能轻易地接受你的观点和看法。

马克·吐温是著名的短篇小说家，在一次受访过程中，曾经有人问他：“演讲的时候，是长篇大论好，还是短小精悍好？”

马克·吐温思考了片刻，向这位提问者讲了一个小故事：

“有一次，我去教堂，正好碰见有慈善家在筹集善款。这个慈善家讲了5分钟，我才明白过来，原来他们是在给非洲的难民们筹集资金，试图改变那里贫穷的状况。我觉得这是一件非常有意义的事情。于是我决定捐款50美金，尽管当时的我还不算太富裕。但这个慈善家还在继续说，已经10分钟过去了，我决定把捐款减一半。很快半个小时过去了，我决定只捐献5美元。而这个慈善家又继续滔滔不绝地讲了一个小时才结束，这个时候我已经决定不捐款了。当慈善家拿着捐助箱走到我面前的时候，我从他的捐款箱里拿走了2美元。”

慈善家不是演讲家，不需要对着听众长篇大论滔滔不绝地讲，本来很短的时间就能够表达清楚的事情却非要拉长到一个小时才讲完，即使是善事，这么不厌其烦地讲下去，也会令人生厌。

在交谈中，只有说话简洁而主题明确，才能让人清楚明白。而如果反复唠叨，主旨又含糊不清，只会让人反感。

在平常的人际交往中，说话简单明了也是获得好人缘的捷径。一个说话总是绕弯子、反复唠叨又故弄玄虚的人总是让人不舒服，因为和这样的人说话会非常累。相反，与说话简单明了的人相处总是会非常愉快，因为和这样的人能够高效地进行沟通交流。有人觉得说话简单就是说话直接，其实不然。说话简单明了，并不等于说话直接，说话简单明了是用最简短的话表达自己的思想，而说话直接则是不顾对方的面子直接指出对方的过错或者不妥当的地方，有时会伤到别人，两者之间有着本质的区别。因此，在人际交往中，我们要学会简单明了地说话，这样不仅能让对方很容易就能够听懂自己在说什么，也会为自己带来好人缘。

法则 57：保持强势，但永远不要咄咄逼人

人们在日常交往中，如果表现得过于柔弱，往往会受到别人的轻视。而在很多特殊的场合，如果表现得过于软弱，那么丧失的不仅仅是个人的尊严，甚至会影响到集体乃至一个民族的荣誉。外交场合就是这样的特殊场合，在外交上，保持强势非常重要。保持强势，但不咄咄逼人，将会赢得尊重和赞赏。

王全是一家生产机器零部件公司的老总，因为公司才起步没几年，所以王全的策略就是先建立自己的人际关系网。因为本来自己就是白手起家，又是农民出身，在温州这个城市没有任何的社会背景。所以在企业刚起步的阶段，王全认为只要是有订单，有客户，不管订单大小，还是对方条件有多么苛刻，只要能保证自己不亏本，就接单。就这么过了几年，王全的公司还是没有丝毫起色，因为虽然社会关系网建立了，但老客户介绍过来的人一个比一个厉害。这一次，王全接到了一个大客户——汪经理。王全请了汪经理在商务酒店里谈生意。

汪经理一进门就开门见山地说：

“王总，听说你们公司的价格非常实惠，而且产品的质量也非常

不错。”

“哪里哪里……”王全一脸赔笑。

“我这次订单的数额非常庞大，王总能不能再实惠些？”汪经理试探性地问了问。

“这个……其实我们这个价格已经是非常实惠了，不能再低了。”王全咬了咬牙，这介绍来的哪里是客户，简直是一头狼。

“不会吧，我之前听说霍总和你们公司合作，价格也是比市场价低了两成左右。”汪经理抛出了一个重弹。

“那……那都是好几年前的事了，现在物价都涨得厉害。”王全磕磕巴巴地解释。

“王总的意思是霍总比我们公司高人一等？”汪经理故意问。

“当然不是这个意思。只是此一时彼一时。”王全的脸上全都是汗，生怕得罪了眼前这一位被介绍过来的客户。

最终的结果就是对方把价格压得很低，但王全只能接受。财务算下来，这笔交易几乎都没盈利，这让王全终日愁眉苦脸的。秘书小张一眼就看出了问题的关键，每一次商业洽谈，小张都跟着王全，做会议记录。小张看见自己领导这样，终于忍不住说出了自己的心里话：

“王总，其实咱们的产品质量很好，为什么每次都会被对方把价格压得这么低？”

“你不懂啊，我这是建立人际关系网。”王全苦笑着说。

“王总，建立人际关系就非得削低咱们公司的利润？”小张不解。

王全沉默了。

“咱们的产品质量又不差，就算没有这些客户，也会有其他的销售渠道的。”小张忍不住又说了一句。

王全恍然大悟，一直以来自己都错了。因为在谈价格的时候自己一再地妥协，导致对方更加得寸进尺、咄咄逼人。如果不是自己一味地妥协，公司也不会到现在这个地步。吸取教训以后，王全改变了策略。即使是合作了好几年的客户，在谈论价格的时候，王全也绝不松口，坚持按照市场价格的一般水平来，无论对方怎么说，王全总是坚持自己的态度，到最后只放出了一句话：

“我们公司今年起就上调到了这个价格，如果您接收不了，那么您请便。”

有的老客户虽然抱怨，但还是比较能接受这个价格，而有的客户则是愤愤地离开了。但王全在谈话的时候总是非常强势，保持自己的态度。过了一段时间，公司的盈利状况也逐渐在向好的方向发展。

在谈话时，尤其是涉及自己切身利益的时候，千万不要妥协，更不要对方说什么，觉得勉强可以接受就点头答应了。因为长此以往，只会让自己在谈话中处于劣势，任由对方摆布。而如果在谈话中保持强势，坚持自己的观点不动摇，对对方表示一定的尊重，不要咄咄逼人，那么就能够建立良好的人际关系，让自己成为一个有魅力的人。

开发自己，有魅力才有吸引力

法则 58：常说“谢谢”的人，人缘不会太差

一声“谢谢”能拉近与他人的距离，建立融洽的人际关系；一声“谢谢”能帮助我们获取他人的好感，促进双方感情的积累。

但我们的生活中普遍存在这样的现象，丈夫对妻子或孩子对父母的付出往往觉得习以为常，心安理得地享受着他们的照顾，几乎没有表达任何感谢的话。在工作中，在上司的引领下和同事的帮助中取得成绩时，也往往没有去表达感谢。

造成这些现象的关键原因是，他们在这些环境中扮演的社会角色是亲属关系或者是合作关系，于是大多数人脑海中就被这样的错误意识占据：“我们已经这么熟了，不都是应该的吗？说‘谢谢’这种话显得太生分了。”他们下意识地将别人的帮助和付出视为理所当然的事情，更认为没有必要去说一声“谢谢”。

然而越是与我们熟悉的人越是有必要去表达感谢，肯定他们的付出是有价值的，也会拉近我们彼此的关系，给对方留下更深刻的印象。在西方国家，我们常常能听见家庭成员中互相说“谢谢”，它是人们最常用的礼貌用语，即使关系亲密，说一声“谢谢”也能表示我们对他们付出的尊敬。如今，“谢谢”在我们眼中更代表客气的意味，于是我们往往对陌生

人或者不熟悉的朋友说起，却很少对亲近的人提及。

在心理学上也有一种说法，人际关系中存在着一种“互酬互动效应”，意思就是你怎么对待别人，别人也会以同样的方式回应你。“谢谢”看似一句平淡无奇的话，但是它能引起人际关系的良好互动，成为我们与他人成功交际的促进剂，为我们收获良好的人缘。

小吴在一家电脑公司做编程，平时遇到什么问题都喜欢自己琢磨研究，不爱麻烦同事。有一次他接到一份任务，在完成的过程中遇到了阻碍，想了很久都不知道从何下手。他的同事主动过来帮助他，然后提点了几句，正因为这几句话使他茅塞顿开有了思路，紧接着顺利完成了工作。事后小吴非常激动地向同事表达了感谢：“谢谢你，如果不是你的帮助，我可能没这么快完成工作。”同事也很高兴能够帮到他，并表示：“同事之间都是应该的，大家互相帮助互相进步。”后来，小吴不再“不合群”，经常和一群同事共同交流经验，不吝啬表达自己的感激之意，于是他们的关系拉得更近了，自己的业绩也不断取得进步，这也为他收获了许多工作上的朋友。

小吴颇有感触地说：“我怀着感激的心态去对待每一个帮助过我的人，包括周围人的点滴关怀，这使我想要更加竭力地回报他们。结果我不仅工作愈加有起色，也收获了许多朋友。”

确实如此，人与人之间的关系在互相感激中变得亲密，说出心中的感谢并不难，用良好的心态去回报帮助我们的人并不难，而且我们还会收获更多的信任和支持。常说“谢谢”，这是使我们生活有益的事情，何乐而不为呢？

常说“谢谢”也有利于拉近我们与陌生人之间的距离，有助于建立良好的第一印象。“谢谢”是最简单的口头答谢方式，表达了致谢者对他人付出的尊重和感激，这不仅是一种美好品质，也是一种良好的交际方式。

公交车上来了一位抱着孩子的妇女，然而车上的人们都视而不见，没有人主动让座。售票员见此便开口：“小朋友，到这儿来，有个哥哥把座位让给你哦。”

坐在售货员旁边的青年听到后，立即站起来给人让座。万万没想到的是，妇女抱着小孩径直走过去坐下，连个眼神都没有给青年。而这边青年的脸色也不太好看，心想做件好事让个座，连句谢谢都没有。

售货员将这两幕都看在眼里，于是她逗着坐在妈妈怀里的小孩：“小朋友，哥哥给你让座了，好孩子要懂得感谢他人的帮助。”小孩立马闪烁着大眼睛对青年一笑：“谢谢大哥哥。”

妇女此刻也反应过来，忙不迭地说着“谢谢”，收到感谢的青年喜笑颜开，心里也舒坦多了，时不时地在边上逗小孩笑，一派其乐融融的场面。

由此可见，一句简单的“谢谢”发挥着如此大的作用，那我们还会吝啬这两个字吗？

曾经有一位朋友游历云南时，入住一家客栈。这家客栈有的客人因房间缺少吹风机时喊老板：“老板，给我们一个吹风机！”有的客人在客栈拼餐时：“老板，晚上拼餐加我一个。”诸如此类的小事，许多客人觉得自己花钱买消费，这些事情都是客栈应该做的，语气中就难免忘记了客气。不过这些客人里面不包括这位朋友，他每次跟客栈借用东西都会认真地说“谢谢”。住了一段时间后，朋友要离开客栈时，老板送给他一张VIP卡，并说道：“这么多人里面，你最肯定我们客栈，也表达了对我们应有的尊重，很高兴交你这个朋友。下次来，给你打对折。”

说“谢谢”表现了我们的素养，养成常说“谢谢”的好习惯，在不经意间这个习惯会让我们收获颇丰。说到底，“谢谢”只是我们表达情感的一种方式而已，更重要的是我们表达的谢意，并非“谢谢”二字，所以这是一种良好的心态。

倘若我们懂得对身边人或陌生人的关怀帮助报以谢意和珍视的态度，自然会主动去付出，付出的心态在人际交往中的作用是举足轻重的。所以，常说“谢谢”的人，必然也是懂得感恩的人，人缘肯定也就不会差了。

法则59：“说错话”的事，总结完教训就忘了吧

生活中经常会有人因说错话而闹笑话，让人啼笑皆非。

有个年轻人刚毕业，到上海找工作，经常会问路找应聘公司的地址。有一天，看到一个很年轻的女孩子在前面走着，年轻人满脸笑容地走过

去，问道：

“大姐，请问桐华怎么走？”

从年轻人的神情动作来看，都是非常有礼貌的了，但前面那个女孩脸色当即一变，语气也十分不耐烦：

“不知道。”说完，脚步就加快了。年轻人在后面丈二和尚摸不着头脑。其实关键在于“大姐”那两个字，在普通女孩子看来，可能大姐的年龄和四五十岁的阿姨相差无几，而自己实际年龄并没有那么大，所以一听到此称呼便会感到不适，毕竟“爱美之心，人皆有之”。作为女性，总是希望别人认为自己的年龄比自己的实际年龄小，这样听了才会开心，也会乐意提供帮忙。

有的人经常会开口说错话，尤其是称呼上的，把年龄小的叫大了，别人会不高兴；而把年龄四五十的妇女称作“美女”，似乎也不太合适。“美女”似乎成为了现在搭讪的最主要称呼，“小姐”在现在看来又有贬低别人的意味。

不止是称呼，场合也很重要。

有一位朋友，为了参加哥们的婚礼，飞了好几个小时才到达婚礼现场。这位朋友一向说话口无遮拦，在婚礼酒席上新娘新郎敬酒的时候，这位朋友大大咧咧地说了一句不合时宜的话：

“就凭咱们的交情，哥们，你下次还结婚，不管多远我都来！”

当场新娘的脸色就变了，没好气地看着这位朋友，一句话都没有说。酒席上的朋友也悄悄拉扯他的衣角。这位朋友后悔不迭，恨不得抽自己几个嘴巴子。过后，这位朋友不止一次向哥们道歉，几乎每次聚会都要提，但这位哥们明显不耐烦，每次都是几句话带过。

这位朋友不分场合说错话，在酒席上给人带来了不愉快，酒后失言固然不对，但道过歉表示自己的真诚就已经够了。这位朋友最大的过错在于事情过后，不应该老是旧事重提。因为不愉快的事情，没有人会愿意去回忆。不愉快的事，最好的解决办法就是选择慢慢淡忘。

生活中有很多因为“说错话”造成的不愉快，总结完教训，选择遗忘是最好的办法。俗语常说“见什么人说什么话，到什么山唱什么歌”，说的就是在什么场合要说什么话，否则就很容易说错话。一个人在什么场合说什么话十分重要，而场合又与当时的自然环境、社会环境息息相关。如果说话的人没有考虑进去这些外在的因素，就很容易说错话。这些外在的因素会对谈话的质量产生相当大的影响，因为谈话双方的话题选择和对某件事情的态度看法，必定和当时的场合以及两个人的价值观有紧密的联系。如果一个人对你说话的内容丝毫不感兴趣，那么你就“说错话”了，尤其是在求职的场合，答非所问会让面试官对你的印象大打折扣。说话一定要分清场合，否则就会说错话。每个人都分属社会的不同阶层，不同场合、不同性质的聚餐聚会、性格迥异的朋友等，这些都是需要基本掌握的情况，只有这样才能从不同的角度出发，才能够让人理解明白。

经常说错话的人，在下一次开口说话前一定要想清楚，说话慢半拍，给自己留下纠正错误的余地。要改掉这个坏毛病，首先就是放平自己的心态。不要对自己说过的错话耿耿于怀，更不要对这件事念念不忘，老想着怎么补救或者重新纠正自己的话。要知道“说出去的话如同泼出去的水”，收不回来了。既然已经说错话了，就坦坦荡荡地承认错误。更重要的是在每次说错话之后，要善于总结经验教训，避免下一次在类似的场合又犯同样的错误。

对于经常大大咧咧、心直口快的人来说，训练这一点非常重要。为了避免说错话，首先需要学会清晰地表达自己的思维，如何把自己想说的话以最正确的方式在最恰当的场合说出来，这需要说话的人学会察言观色，观察周边的环境。要善于从别人的评价中知道自己是什么样的人、什么样的性格，然后在心里评估自己，这样才能不断进步，管住自己的嘴。还有一点就是学会温和地说话，人在温和平静的时候说出的话一般不会让人反感，而且说话的语速放慢，思考的时间就多了，也就能尽量避免说错话。最重要的一点是，犯了错误之后，不是后悔而是总结经验教训，在心里反问自己："为什么会犯错？明明当时不是那么想的，怎么话说出口就得罪人了？"要学会反思，总结完经验教训最好能够忘掉错误，因为如果一直记着自己说错的话，那么下一次开口前就很容易"脱口而出"。所以总结完教训，最好能够忘掉。

法则 60：越难相处的人，越能锻炼你的说话技巧

生活中我们会遇到很多尴尬的场景，比如在聚会的场合，你想认识一些新的朋友，当你友好地向对方打招呼，并伸出自己的手时，对方却无动于衷，甚至轻蔑地瞥了你一眼，然后十分高傲地转身离去。有时候，当你向陌生人问路的时候，对方却充耳不闻。这样的事情在生活中很常见，有

的人总给人一种“生人勿近”“拒人于千里之外”的感觉。还有一类人，无论你说什么，他都会反驳你，甚至故意从你的话里挑刺。

不止是我们，名人也经常会遇到这种尴尬、下不来台的场景。

有一次，里根去加拿大，在渥太华发表了一场街头演讲。但是在演讲的过程中，有反对的声音在底下此起彼伏。而在一旁负责维持秩序的加拿大总理则非常尴尬，但现在这种情况又不能武力镇压，那样也会影响到演讲的质量。里根却没有放在心上，他还仔细地听了反对的声音，原来是在指责自己是一个好战者，因为他曾经选购了B-1重型轰炸机。里根听到后，笑着为自己解释：

“我订购B-1时可不知道它是一种飞机型号，我还以为是部队所需要的维生素呢。”

这样的解释为自己找了一个很好的台阶下，在演讲结束后，里根还打趣地对加拿大总理说：

“反对的声音哪里都有，而且美国公民就有很多反对我的。我现在在加拿大，看到他们，就好像回到我的家乡了一样。”

里根面对反对自己的声音，却能够做到坦然处之，并且巧妙地化解尴尬的场面，不愧是拥有好口才的总统。

越是反对自己的、和自己意见不合的人，有时候反而越能锻炼自己口才。

还有一种人，最不好相处，也最难把握说话的度。有时候即使是几十年的好兄弟，在这种微妙的关系上也很容易出现兄弟情义破裂的情况，那就是上下级的关系。上级，也就是自己的领导，和领导相处得好不好，甚至能评判一个人的口才水平。工作上除了踏实勤奋，兢兢业业以外，还要善于看领导的脸色说话。只会曲意逢迎、虚溜拍马的人，虽然能得领导一时的喜欢，但是最终还是会惨遭淘汰。领导真正看重的是办事踏实，又懂得察言观色并且会说话的人。而且，领导掌握着职场的“生杀大权”，这也是很多人觉得领导不好相处、不敢和领导多说一句话的原因，因为怕说错话，领导一个不高兴就把自己炒鱿鱼了。

乾隆皇帝总是喜欢微服私访，而刘墉就是皇帝身边的跟班。

有一次，在民间微服私访的时候，乾隆皇帝一个高兴就允许刘墉叫自己的名讳。刘墉信以为真，在一次陪乾隆游玩的时候，脱口便出：

“弘……”

“弘什么？”皇帝脸色很不高兴。

“弘名天下之圣君万万岁”。刘墉吓得赶紧跪在地上，瞬间改口。

皇帝听了这话，当下转怒为喜，就不再追究了。

由此可见，当在领导面前不小心说错话的时候，首先要做的就是镇定，不要慌慌张张地认错，第一反应应该是先想办法补救，看看能不能用“巧言”挽回自己的口误。或者知道自己的口误过后，及时地纠正过来，这样也能很好地缓和双方的关系。

很多时候，我们觉得一个人难相处，是因为我们没有找到问题的症结所在，只要做到善于观察，就会很好地避免尴尬、缓和矛盾，增进情感的交流。但除了以上有原因的情况，还是有很多人开口说出的话就像刀剑一样伤人，这样得理不饶人的人往往是非常难相处的人。很多人知道这类人的脾性，都会主动避开和这类人语言上的“交锋”。

其实，这并不是最好的解决办法，最好的做法就是调整好自己的心态，无论对方说什么，都能够做到坦然处之，不带任何情绪，这样的话才能找出巧妙的话来回答。越是难相处的人，越能锻炼你的说话技巧，与这么难相处的人都能够做到对答如流，那么你的社交能力肯定会越来越强，人际圈子也会越来越广。

法则 61：制造好心情，说出来的都是好听话

俗话说：“佛要香烟受，人要好话听。”说的是与人交流的时候，人们总是希望能听到赞美的声音。赞美的话总是能让人心情愉快，对人也具有鼓励的积极作用。而要想自己说出来的都是好话，首先就必须给自己制造好心情。否则，自己心情不愉快的时候说出的话总是特别难听，因为人在情绪不好的时候，眼里很难发现别人的优点和长处。

苏东坡是宋代著名的文人，兼修儒释道。然而苏东坡年轻的时候也曾因为年轻气盛而对别人恶语相向。苏东坡和北宋的佛印禅师是好友。一次，苏东坡去金山寺拜访他，两个人在一起参禅、修道、对弈，但苏东坡总是输。苏东坡气不过，每次总是很沮丧，故而想找机会奚落佛印。佛印禅师很胖，僧人又总是盘膝而坐，苏东坡看着他，就想着怎么奚落他。正好佛印禅师问他：

“在你心中，我像什么？”

“像一堆牛粪。”苏东坡不假思索地出言讽刺。

“那我在你心中像什么？”苏东坡反问道。

“你像一尊佛。”佛印平静地回答。面对苏东坡的恶语相向，佛印显得十分平静，口里念着经。苏东坡觉得自己总算出了一口恶气，心情十分愉快。

回家后，苏东坡向苏小妹讲了这件事，谁知苏小妹却说：“这次你输得更惨。佛印是得道高僧，俗语有云：心中有佛，看谁都像佛。这说明佛印心里装着佛，有佛的气度。而你说他像牛粪，说明你心中无佛，装的是牛粪！”苏东坡听完后羞愧难当，觉得自己完全没有真正地修禅悟道，从此以后苏东坡静心修行，在言行上更加谨慎细微，无论自己的情绪多么不好、心情多么差，也不会对人恶语相向。

俗话说：“良言一句三冬暖，恶语伤人六月寒。”朋友亲人之间都需要多说好话，善于赞美别人的人总是能有一个好心情。而人在心情好的时候，说出的话也总是不自觉地会带上赞美。要想给自己一个好心情，首先要学会控制自己的心态，拥有平和的心态是拥有好心情的关键所在。无论遇到什么事情，首先要做到的就是镇定下来理智地对待，久而久之就能够慢慢练就平和的心态。要相信每个人都是独特的生命个体，只要学会尊重这种差异性，生活中与人的很多摩擦、矛盾就能够很轻松地得到化解。

李经理是个乐观和善的人，每天都乐呵呵的。一次，李经理外出旅游时在旅游景点买纪念品，由于问得比较详细，服务员有些不耐烦，态度也十分恶劣。李经理却丝毫没有生气，反而夸服务员的服务态度好，纪念品都很优秀，会做生意等。服务员听了之后脸色反而由阴转晴，客客气气地开始介绍给李经理想买的纪念品，最后服务员还热情地赠送了一些小物件，再三强调一般不轻易赠送给别人的，李经理面带微笑，十分客气地表示感谢。

从景区出来以后，助手终于忍不住问了：

"服务员的态度明明不好，为什么还要说好话？"

李经理呵呵一笑："首先，出来旅游，我有一个好的心情。再者，就是因为服务员的态度差，所以我才更加要说好话。如果我指责她，只会令事态越来越严重，我和她肯定会发生争执。这样的话，既破坏了我的好心情，又破坏了交易。而我说好话赞美她，服务员会觉得愧疚，自然就会改变自己的服务态度。做人嘛，应该乐观些，时刻让自己处于一个愉悦的状态，这样即使遇到不快的事情，心情也不会太糟糕。"

助手恍然大悟，对李经理的处世态度佩服不已。

有的时候，我们与人据理力争反而讨不了好。善于说好话、善于赞美别人，本身就是一种能力。试想，在与朋友的相处中，我们经常会被问道：

"我这件衣服怎么样？"

"我今天发型好看吗？"

这是我们经常会被问到的问题，这也是生活中最稀疏平常的小事。很多人都不以为意，但任何人都不会希望听到这样的回答：

"不怎么样，穿你身上一点儿都不搭。"

“不好看，这发型显脸大。”

这样的话，即使自己认为很客观且真实，但在别人听来，一瞬间就像被泼了冷水，令人听着就不舒服。任何人都希望听到别人赞美自己，希望别人说好话。说好话不是阿谀奉承，而是针对自己身上的优点进行的中肯恰当的评价，也是对方希望从你口中得到的赞美之词。然而很多人都不善于表达，话说出口听在别人耳里，却变味了。

说好话赞美别人同样也需要学习，那就是不必处处较真，在别人心情好的时候，何不说出别人想听到的赞美声音呢？要善于表达，这样才能让自己的人际关系更加融洽。人有好心情很重要，这时候好话更容易说出口，也更容易发现别人的优点和长处，从而赞美别人。人不可能天天都拥有好心情，好心情需要制造。其实心情的好坏全由自己控制，看到一处美丽的风景，听到一段暖心的话，甚至是看到身边发生的感人的瞬间，只要善于去发现，用心去感受，感受到身边这些无处不在的正能量，人也会充满了积极向上的力量，自然就会拥有一个好的心情。为自己制造一个好的心情，在自己心情愉快的时候，别人征询意见时多发现他们身上的闪光点，多说好话赞美别人，让别人也心情愉快，这样才会让自己的人际关系更加融洽，让生活变得更加美好。

法则 62：讲话也要体力，精神越好越有魅力

学生在进行考试的前一天总是会提早休息；运动员在比赛之前总是坐在后台闭目养神，也不会接受任何采访；音乐家在演奏的前一天甚至会去公园里散步，而不是苦练明日演出的乐谱。有的人说他们是为了缓解自己紧张的心情，也有的人说是为了迎接挑战，其实他们都是为了保存自己的体力，以便在第二天的考试或者比赛中，能够有充足的体力和饱满的精神面对新的挑战。在日常生活中，不仅是大型考试和比赛需要养精蓄锐保存体力，我们平常说话也是如此。说话需要保存体力，否则说出的话就会显得底气不足，整个人也会给人一种萎靡不振的感觉，一个说话能让别人信服的人，必定是体力充沛、精神饱满之人。一个顶着黑眼圈面容憔悴的人说出来的话，总是让人半信半疑。

正常人每天都要开口说话，却很少有人会在意“说话也需要保存体力”这个问题，因为说话不像跑步或者登山那样需要很多体力。人在体力不济的情况下可能对登山跑步等运动没有兴趣，但开口说话的体力绝对是有的。但如果体力跟不上，那么他的精神肯定不会特别好，至少不会是神采奕奕、精神饱满的样子。说话同样也需要保存体力，这样才能够使自己看起来神采奕奕、容光焕发，否则很容易体力不济，甚至病倒。

有一个年轻的学者受邀到一所省重点高中去讲学，校方希望能够在最后一个月给高三的考生鼓舞士气，这一届学子有望在即将到来的高考中取得好成绩。这位学者欣然接受，因为考生较多，所以校方选择了在操场的露天台上进行讲座。

学者受到了高三学生的热烈欢迎，他在讲台上看着底下黑压压的学生群体，一时之间兴致昂扬："同学们，今天来的人很多，我给大家讲讲我的故事。"

底下的学生爆发出一阵阵热烈的掌声，学者被现场的气氛所感染，从自己的小学讲到了大学，语言十分生动幽默，声情并茂的描述让台下的学生不时爆发出一阵阵掌声。不知不觉，这场讲座持续了三个多小时。这时，意想不到的情况发生了，学者讲着讲着突然倒在了台上。工作人员慌忙将学者送到了医院，班主任也安抚着躁动的学生，现场一片混乱。后来才知道原来学者此前三天在全国各地跑讲座，这已经是第六场讲座了。连日的奔波，再加上没有得到很好的休息，学者体力不济，强撑着连续说了三个多小时，身体自然就扛不住了。这位学者在举办讲座的时候就是没有保存好体力，以致出现在场上昏厥的意外情况。

在马拉松的长跑比赛项目中，一般都讲究要匀速进行。因为如果在比赛开始时就急速冲刺，那么即使遥遥领先，在最后这位运动员的速度也会渐渐慢下来。刚开始跑的时候就需要保存体力，以便能够坚持到最后。科学的方法就是保持匀速一直吸气，嘴巴微张，呼吸尽量做到均匀，到最后一圈离终点只有200米的距离时，则应该大口呼气全力冲刺。而在前面就冲刺的人在此刻是无法冲刺的，因为他的体力已经消耗殆尽。讲话同样也是如此，需要有科学的方法。尤其是对于很多大型讲座的演讲者来说更需要如此，因为一般的讲座都会持续两到三个小时。一个人如果持续讲话超过半个小时以上，那么他的精神状态会由好到差直线下降。不只是讲话的人体力在下降，就连听的人也是如此。听得时间过长人也会感觉到疲惫，很容易出现“左耳进，右耳出”的情况，所以一节课的时间基本上都是在45分钟左右，无论对于学生还是老师都是最佳的时间长度。对于经常需要讲话的人来说，保持体力则显得尤为重要，经常举办讲座的演讲家、开演唱会的明星以及教师等职业都需要常常开口。说话或者唱歌的时间过长很容易会引起发声器官的不适，容易出现声音沙哑或者扁桃体发炎的情况，这时候一开口说话人就会感觉到不适，整个人的精神状态也不是最佳的，没有哪个病人是精神饱满的。

因此，即使是最平常的说话，我们也要注意保持自己的体力。保持体力的方法十分简单：

1. 休息好。保证每天的睡眠时间至少在8个小时以上。人只有在休息的时候才能充分地补充体力。如果第二天有一场讲座就更要提早休息，睡前可以预习一下演讲稿，第二天清晨起早吃个七分饱的早餐，衣着得体、精神饱满地去演讲。

2. 在演讲的时候语速不要太快，声音不要太大。如果持续讲话的时间过长，可以在中途停下来喝口水；如果担心停顿影响现场的气氛，可以事先设置几个与自己讲话相关的问题，给听众几分钟的时间思考，自己就可以稍作休息，也能调整自己的思维并恢复体力。

做到了以上两点，基本上说话就能保持住体力。平常不忙的时候如果能锻炼身体会更好，爱运动的人总给人一种阳光向上的感觉。经常锻炼保持住体力，这样一个人的精神面貌也会非常健康阳光，说话也会越来越有魅力。

法则 63：多听相声，能学到说话技巧

生活中，我们会发现人缘好的人总是处处受人欢迎，与这样的人在一起会非常开心愉悦。细心观察就会发现人缘好且乐观向上的这一类人都有一个共同点，就是特别会说话，并且能说会道。不是溜须拍马，而是这类人说话十分中听，说话恰到好处，更主要的是这类人说话的方式与众不同，说起话来妙语连珠，总是特别幽默。这类人不仅令人称赞，而且令人不得不信服。其实，说话是一门语言的学问，具有技巧性。要想让自己学会说话，就需要掌握一定的言语技巧。多听相声就是一种很好的方法。

相声是一种说唱的艺术，也是以说话为主的曲艺。相声总是能够让观众哈哈大笑，营造轻松愉快的氛围。人们在听相声的时候总是全身心地投入，完全放松自己紧张的心情，相声是一种大众的娱乐活动，和讲笑话或者娱乐节目不同。经典相声里的说话段子，也总是会被人们在生活中模仿，为人们所津津乐道。郭德纲在最初登台的时期，经常这样向观众介绍自己：

“床前明月光，疑是地上霜，举头望明月，（啪！响木一敲）我叫郭德纲。人来得不少啊，我很欣慰，感谢各位的光临。待会儿散场都别走，吃饭去。谁去谁掏钱。听相声二十，起哄一万六。再笑加钱。”

李白的这首《静夜思》是听众从小就耳熟能详的，即将听到最后一句时，郭德纲却话锋一转，先敲响木聚焦听众的注意力，随后再来一句："我叫郭德纲。"这样巧妙借用大家所熟知的诗词，再凑上自我介绍，自然很轻易就能俘获听众的注意力，听众也自然能记住这位相声演员的名字。而之后的说话也让听众觉得新鲜有趣，这种新颖的自我介绍与一般的开场白大相径庭，取得了很好的现场效果。

相声本身就是一种幽默诙谐的说话方式，类似于国外的"脱口秀"。相声演员说话总是妙趣横生，又不会让人觉得生硬做作，而是非常自然，给我们一种这个人说话一贯如此的感觉。相声也总是能在无形之中拉近与观众的距离，让人开怀大笑。相声有一种魔力，能让平淡的日常生活变得充满新奇和快乐，这是几段有关生活的相声小段子：

郭德纲："一来就接了个好活儿，盖一个70多米的烟囱！"

于谦："还真不错！"

郭德纲："起早贪黑把活干完了，人家来验收，死活不给我们工钱！"

于谦："质量不行？"

郭德纲："开始把图纸拿倒了，人家让修口井！"

听到第一句话，听众都会觉得纳闷，怎么可能会有70多米的烟囱呢。只能竖着耳朵往下听，直到听到最后一句才忍俊不禁，竟然会有人把井修成烟囱。

会说会学，能逗笑观众，有时还能唱几句，这是相声演员的基本能力。很多经典的相声一开始都是以讲故事的方式开头的，举大家所熟知的历史故事，或者是讲述自己身边的日常生活小事。在相声的表演里，相声演员能够讲出不一样的内涵和新奇的内容。

郭德纲："哎！曾经有一个赚钱的机会摆在我的面前，但是我没有珍惜。机会过去了，我追悔莫及。假如上天再给我一个机会的话，我希望跟那个村长说：'我愿意去。'假如非让我在那工资前面加一个限额的话，我希望是：400元。"

郭德纲的这段相声很明显就是套用了《大话西游》里至尊宝的经典台词。篡改之后的这段话，会让听众觉得既熟悉又新奇。

相声之所以有如此之大的魅力，就在于说话上特别有技巧。一个人如果经常听相声，生活就会变得非常快乐，口才也会有进步。因为相声本身就具有非常强的说话技巧，说话的内容层次上有其内在的逻辑性，听众听起来也觉得诙谐幽默。相声里就包含了许多说话艺术的必要因素：

1. 内容上，说话的目的非常明确，能够牢牢地抓住话题，说一样是一样，都是围绕着主题，而且也能牢牢吸引住听众的听觉神经。

2. 逻辑上，说话非常具有条理性，先说什么后说什么，而且通常不会很啰唆，思维非常清晰，说话清楚明白，能引起听者兴趣。即使有时候说话一波三折，也总是会在最后一句话以十分简洁的语言为观众解惑。

3. 语言上，遣词用句非常到位，具有生活气息，说出的话不会让人觉得佶屈聱牙，而是让人觉得十分亲切，而且讲故事的方式会令观众十分感兴趣，语言也具有亲和力。

相声的最大优势就在于能令观众捧腹大笑，营造出和谐欢乐的氛围，有了良好的氛围，与人交流上也会轻松很多。这些说话上的技巧都是相声受到广大观众喜爱的原因。而要想学到说话的技巧，多听相声是非常重要的提高方式。在听相声的过程中，我们会不自觉地学到很多说话的技巧和幽默诙谐的说话方式。学会了这些，在日常生活与人的交流中，我们能够轻松缓解尴尬的气氛，把话说得简洁明了。掌握谈话的技巧和方式，在最轻松的话语氛围里与别人交流，不仅能够促进人际关系的融洽发展，也能给自己增加自信，谈吐优雅令人如沐春风。

法则 64：自信说话是最大的魅力

自信，是海上的风帆，让成功的小船扛得住大风大浪；

自信，是黑夜的明灯，让迷途的青年找到前进的方向；

自信，是明亮的光环，让拥有它的人充满无限的魅力。

自信是一种人格魅力，更是一种生活态度。而一个人是否自信，从他的说话中就能体现出来。因为人与人的交流主要是通过口头表达的，说话是否有底气，一听便知。苏格拉底是古希腊伟大的哲学家，很多事情，他虽然心里明了，但不会直接指出来，而是通过适当的方式去引导别人。苏格拉底在弥留之际，让跟随自己多年的助手去寻找一个自己最优秀的学生。这位助手跟随苏格拉底学习多年，对苏格拉底非常忠诚、敬爱，在听到苏格拉底的话以后，便开始了寻找。他找了一位又一位，这些学生有的是成功的商人，有的是学术界的名人，还有的是当地非常有名的绅士，等等，这些人都曾跟随苏格拉底学习过。但苏格拉底对这些人都不满意。就这样，半年时间过去了，眼看着苏格拉底的身体一日不如一日，这位助手急得像热锅上的蚂蚁，对着苏格拉底泪流满面："我对不起您，让您失望了！"

苏格拉底看着他，眼里充满了失望："我的确很失望，我最优秀的学生就是你啊！"想到自己即将离开人世，苏格拉底的语气十分沉重："本身最优秀的就是你，可是你却不自信，那么多的学生，你却唯独把自己给忘了……"

说完这段话，苏格拉底离开了人世。听完这段话后，助手悔不当初的心情不言而喻。由于助手没有自信，不敢相信自己，不敢开口自荐，没有明白老师的良苦用心，才导致了苏格拉底遗憾地离开人世。

人只有有了自信，才能自信地开口说话，让别人相信自己，也让自己获得成功。

小泽征尔是世界著名的交响乐指挥家，他的自信仿佛是与生俱来的，无论自己的观点遭到多么权威的人士质疑，他始终坚信自己。在一次指挥家的决赛中，小泽征尔在台上演奏时，敏锐地发现了与自己的演奏不相协调的声音。一开始他以为是伴奏的乐队出错了，可是渐渐演奏才发现，似乎是乐谱出了问题。于是，小泽征尔便提出来了：

"乐谱肯定出问题了！"

但在场的作曲家、评委以及音乐界的权威人士都十分坚定地表示："乐谱绝对没有问题。"小泽征尔面对这么多权威人士的质疑，思索再三，但出于一个音乐人的敏锐直觉，他还是非常自信地大声喊道："乐谱肯定错了！"

小泽征尔刚说完，台下的评委席里爆发出热烈的掌声。毋庸置疑，他说的话是正确的，乐谱的确出了问题。这次大赛的设计也是经过了评委的良苦用心，他们用这一小插曲来检验指挥家在面对众多权威声音的质疑时，是否还能坚持自己敏锐的直觉。之前的指挥家，虽然也发现了乐谱中存在的问题，但面对权威专家的质疑时，他们最后都变得不自信了，开始怀疑自己，认为是自己听错了。而正是因为他们的不自信，才成就了小泽征尔，让他在决赛中脱颖而出，摘得桂冠。

自信地说话，是最大的魅力。即使遭到否定和质疑，也绝不退缩，依然坚持自我，大声说出自己内心真实的看法，坚持本心，这就是小泽征尔获得成功的关键所在。

自信的人总有一种无形的魅力，充满自信，说出的话也会让人信服。但自信不全是天生的，也需要后天的培养。你可能不知道现在在众多媒体面前能够侃侃而谈、谈吐优雅的奥巴马，在很小的时候却是极度不自信。肤色的原因，使奥巴马在很小的时候总是受到同学的排挤，一旦在课堂上被老师点到回答问题，他总是全身发抖，说话吞吞吐吐，非常不自然。就连他的老师都觉得这个男孩将来不会有什么出息了。为了改变这种情况，奥巴马的母亲想了一个办法，让自己的儿子在放学后为邻居们挨家挨户订报纸。在母亲的鼓励下，他终于迈出了第一步，勇敢地敲门，说话由开始的结结巴巴变得十分流利。奥巴马由此变得越来越自信，说话底气十足。这也使他在最终的选举中一举夺冠，成为美国第一位非洲裔总统。奥巴马的传奇与他的自信有着密不可分的联系。

要想变得自信，首先需要勇气，有了勇气，才会主动开口说话，主动与人进行交流。开口说话不要怕出错，如果还没开口就开始怀疑自己，不自信，那么一旦开口，给人的感觉就是别扭和极度不自信。表情唯唯诺诺、犹犹豫豫时说出的话，连自己都在怀疑，又怎么可能让别人相信呢？自信是最大的魅力，在与人交流时，需要多开口说话，多锻炼自己的口才，这样才能培养自己的自信心，使自己成为有魅力的人。